돌아서서
후회하지 않는
유쾌한 대화법
78
②

돌아서서
후회하지 않는

유쾌한
대화법
78

이정숙(대화 전문가) 지음

②

🌱 나무생각

사람의 마음을 얻는 것이 성공의 길이다

돈, 명예, 자신감, 용기, 사랑 그리고 행복은 사람이 주고 사람이 앗아간다. 손발처럼 움직여주어야 할 사람이 내 말을 무시하거나 위로해 줄 줄 알았던 사람이 비수같이 날카로운 말만 건넬 때의 절망감, 믿었던 사람에게 거절당하는 배신 감, 북받치는 심정을 들어줄 사람 하나 없는 외로움 등은 돈 과 명예마저 허무하게 만든다. 그래서 우리는 사람의 마음을 얻으려고 애를 쓴다.

사람은 강한 듯 나약해서 조그만 장벽 앞에서도 쓰러지고 넘어지고 무너지기 쉽다. 인생은 그 고비들을 잘 넘겨야 성 공도 희망도 사랑도 완성시켜주는 끝없는 수수께끼의 길이 다. 그래서 고비를 만났을 때 나를 지지하고 응원하고 믿어 주는 사람이 있다면 절망의 늪에 빠져도 두렵지 않고, 고통의 숲에서 길을 잃어도 아프지 않다. 나를 지지해 주는 사람들의 따뜻하고, 때로는 따끔한 말들이 어두운 길을 밝혀주는 등불이 되기 때문이다.

그런데 나를 지지하고, 사랑해 주고, 믿어주고, 용기를 주는 사람은 거저 생기는 것이 아니다.

사람의 마음을 얻는 것이 성공의 길이고 행복의 길이라는 것을 모르는 사람은 없다. 사람의 마음을 얻지 못하면 넘치도록 많은 돈을 벌어도, 남들은 꿈도 꾸기 어려운 호사스런 세계여행을 해도 인생은 그저 삭막하고 외로운 여정이 된다.

그렇다면 어떻게 해야 사람의 마음을 얻을 수 있을까? 사람의 마음은 입에 발린 말을 하고 재롱을 떨고 선물을 보낸다고 해서 열리는 것이 아니다. 마음이 열린다는 것은 우선 상대방을 좋아하게 되었다는 의미이다. 나를 알아주고, 좋아 해 주고, 코드가 맞는 사람이다. 혹은 서로 모습, 생각, 가치 관이 다를지라도 그것을 이해하고 존중해 주는 관계이다. 살 면서 가장 정성을 쏟아야 하는 일이라 할 수 있다.

나는 그 방법 가운데 하나로 유쾌한 대화를 꼽는다. 유쾌 한 대화야말로 마음과 생각이 열리지 않으면 불가능한 일이 기 때문이다. 그리고 유쾌한 대화를 통해 자연스럽게 사람의 마음을 얻고, 진정으로 나를 지지하고 응원하는 사람들을 얻 을 수 있다.

이 책은 《돌아서서 후회하지 않는 유쾌한 대화법 78》에서 미처 다 다루지 못했던 사람의 마음을 얻는 대화법을 소개

할 것이다. 유쾌한 대화로 사람의 마음을 얻고, 지지받고, 성공을 나누고 싶은 사람들을 위한 책이다. 전작처럼 78개의 항목으로 정리해 바쁜 현대인들이 필요한 대목만 간단히 읽고 현장에서 활용할 수 있도록 썼다. 또한 체크리스트를 통해 자신의 부족한 부분을 파악해, 보다 정확하게 도움이 되도록 했다.

앞의 책을 읽은 분들에게는 더욱 풍요로운 대화법을 익히도록 하고, 처음 대하는 분들에게는 인간관계를 쉽게 푸는 데 많은 도움이 되기를 기원한다.

차례

Contents

Contents

1
친할수록 말은 가려서 한다

친한 사람에게 기분 나쁜 말을 들으면 더 화가 난다. 나 잘 되라고 하는 말인 줄 알지만 듣기 싫은 말은 듣기 싫은 법이다. 듣기 싫은 말은 아프게 박혀 마음을 닫는다. 상대방은 충분히 이해할 거라고 생각해서 한 말도 듣는 사람은 그렇게 받아들이지 않을 수 있다. 세상에서 가장 가까운 사이여야 할 부부 간, 부모 자녀 간, 형제 자매 간에도 기분 나쁜 말을 들으면 불쾌하지 않은가?

당신이 솔직하고 뒤끝 없고 남의 어려움은 그냥 못 지나가는 정의파라고 정평이 나 있어, 거칠게 말해도 상대방이 당신 속 마음에는 정이 차고 넘친다는 사실을 이해할 거라고 생각하겠지만 천만의 말씀이다. 당신은 그에게 상처 줄 의도가 조금도 없었지만 상대방은 "말을 그렇게밖에 못해?" 하며 화가 났을 것이다. 화를 내지 않았더라도 당신과 시비를 벌이기 싫어 참았을 뿐 속으로는 매우 기분이 나쁜 상태이다.

만약 상대방이 배우자라면 부부 간의 대화가 형식으로만 흐를 것이고, 부모 자식 간이라면 민원실 창구 직원과 민원인의 대화로 바뀌었을 것이다. 죽마고우라면 그가 남처럼 느껴지고, 직장 상사라면 오다가다 부딪히는 것마저 두려워하고 있을지 모른다.

친한 사람이란 그의 직위가 높거나 낮거나, 이성이거나 동성이거나, 나이가 많거나 적거나에 상관없이 마음을 열고 존중하는 사이다. 그럴수록 유쾌하게 대화를 나눌 수 있어야 좋은 관계가 오래 유지되는 법이다. 그러므로 친한 사이라 해서 말을 함부로 해서는 안 된다. 상대방에 대한 기대치가 무너져 오히려 심한 배신감을 느끼기 때문이다.

친하다고 해서 그가 듣기 싫어하는 별명을 장난삼아 계속해서 부르거나, 인사나 감사의 말을 생략하고, 사과의 말을 잘라먹고, 비난을 날카롭게 한다면 상대방은 당신과의 친분 때문에 더 많은 상처를 받을 것이다.

유쾌한 대화는 예의 바른 대화의 다른 표현이기도 하다. 그
가 나와 친하다고 해서 예의까지 생략할 수 있는 것은 아니다.

2

상대방이 궁금해 하기 전에 먼저 보고한다

"잠깐 자리 좀 비울게요. 한 10분 정도."

"저 지금부터 옆 사무실에 복사하러 갑니다. 15분 후면 돌아올 것 같습니다."

"맡기신 일 20분 후면 다 끝날 것 같습니다. 그 때부터 녹음실 쓰셔도 됩니다."

이런 시시콜콜한 설명들이 유쾌한 대화의 씨앗이다. 사람은 상대방이 예고 없이 자리를 비우거나 말없이 사라지면 제멋대로 상상하게 된다. 그러므로 특히 조직생활을 할 때는 잠시 자리 비움이나 작업 일정 변경, 외출 등의 사적인 행동도 그 이유와 소요 시간 등을 동료에게 설명해 주어야 한다.

미용실에서 머리를 자르던 미용사가 양해도 없이 전화를 받으러 가거나 한참 동안 자리를 비우면 당황스럽다. 신입사원이 설명 없이 옆 부서에 가서 업무를 지시받고 있으면 황당하다. '도대체 왜 그랬을까? 나한테 섭섭해서일까?' 혹은 '도대체 언제까지 기다리라는 거지? 언제 다시 시작할 건가?' 와 같은 불필요한 상상으로 마음이 불편해진다.

그래서 그가 돌아오면 이유도 묻지 않은 채 "도대체 어디 갔다 이제 와요?" "뭘 하는 거야, 지금!" 이라고 화를 내거나 엉뚱한 일로 트집 잡아 싸우는 것이다. 당신은 할 일을 한 것뿐이거나 혹은 생리적인 일로 잠시 자리를 비운 것뿐인데 상대방이 과하게 화를 낸다고 억울할 수 있지만, 이런 습관은 반복될수록 갈등을 키운다.

유쾌한 대화에 달변이 필요한 것은 아니다. 실감나게 말할 줄 아는 연기력이 필요한 것도 아니다. 그런 능력이 있으면 좋겠지만 필수적인 요소는 아니다. 그저 이해와 배려가 필요할 뿐이다. 그러므로 당신의 말솜씨를 염려하기 전에 사소한 부분까지 보고하는 습관을 들이자.

그 동안 당신이 가족이나 동료에게 말도 없이 슬그머니 자리를 비웠거나, 미리 연락하지 않고 친구 집이나 직장을 방문한 적이 있었거나, 혹은 경영자로서 직원들에게 알리지 않고 해외 출장이나 평일 골프를 다녀온 적이 있다면 그들이 지금까지 별 추측을 다하며 일손을 잡지 못했을 것이라는 사실을 인정해야 한다. 이제부터는 행선지를 알리고 자리를 비우자.

3

지시받은 말을 다시 한 번 반복한다

대화를 할 때는 상대방이 내 말을 제대로 알아들었는지가 제일 중요하다. 그래서 상대방이 제대로 알아듣지 못한 것 같으면 두세 번 반복하게 된다. 따라서 듣는 사람이 잘 알아들었다는 신호를 보내주면 훨씬 유쾌한 대화가 가능해진다.

"알겠습니다. ○○을 처리하라는 말씀이지요?"라고 다시 한 번 반복하면 된다. 그 말 한 마디에 상사는 당신이 제대로 알아들었다고 안심하고, 잘 해낼 것이라는 믿음도 생긴다. 자연히 일이 좀 서툴러도 비중 있는 일을 맡기고 싶어진다.

당신이 지시받는 입장이 아닌 상사이거나 부모이거나 나이 많은 어른일지라도 마찬가지다. 상대방의 말을 반복한다는 것은 내용뿐만 아니라 그의 마음까지도 이해한다는 신호가 되기 때문이다. 만약 자녀가 "아유 짜증나!"라고 말했다면 "네가 짜증이 나는구나."라고 말하는 것이다. 그러면 아이는 '내 마음을 알아주는 사람은 역시 엄마(아빠)밖에 없어.'라는 생각이 들어 부모에게 자기 고민을 술술 털어놓을 것이다.

배우자가 "속상해 죽겠어."라고 투덜댈 때도 "당신 정말로 속상하구나."라고 말한다. 당신의 배우자는 '대화가 통하는 사람은 내 배우자밖에 없어.'라는 생각을 갖게 될 것이다.

당신의 부하 직원이 "죽어라 야근까지 했는데 경쟁 PT에서 져서 면목이 없네요."라고 말할 때 당신이 "경쟁 PT에 져서 기분이 언짢겠군."이라고 말하면 부하 직원은 감동을 받아 이후로는 당신이 하는 불편한 이야기도 열심히 들어줄 것이다.

말이란 송수관처럼 물을 흘려보내면 물이 나오고, 석유를 흘려보내면 석유가 나오는 것이 아니다. 시냇물처럼 흘러가면서 빗물도 섞이고 쓰레기도 섞이고 이슬방울들도 섞인다. 맑은 물을 내보냈는데 흙탕물이 되어 나오기도 하고, 흙탕물을 내보냈는데 맑아져서 나오기도 한다. 대화를 주고받는 사람들의 생각과 느낌과 문화가 다르기 때문에 같은 말이라도 서로 다르게 해석하기 때문이다. 그래서 말하는 사람에게 당신의 말을 제대

로 알아들었다고 표현하면 좋다. 일일이 "내 말 알아들었지?" "무슨 말인지 알지?"라고 확인해볼 수 없는데 자발적으로 말하는 사람의 답답함을 덜어주면 얼마나 고마운가.

4
한국말은 끝까지 들어야 알 수 있다

중요한 말을 하는데 상대방이 툭 잘라버리면 좋아할 사람은 없다. 무시당한 것 같은 기분이 든다. 대개 머리 좋은 사람들이 남의 말을 중간에서 잘라 상대방을 불쾌하게 만든다. '끝까지 안 들어도 네가 무슨 말 하려는지 다 알거든.'이라는 생각을 하기 때문이다.

상대방도 그것을 인정해 주면 좋겠지만 그런 사람은 없다. 말이 잘리면 대뜸 '내 말을 듣기 싫어하는군.' '알긴 뭘 알아. 끝까지 들어보지도 않고…….'라며 화를 내는 것이 일반적이다. 성질이 급한 사람은 불쾌감을 감추지 않고 "그래 너 잘났다! 내가 말을 안 해도 다 안다니 네가 무슨 신이라도 돼?"라며 대놓고 화를 낼 수도 있다.

게다가 한국말은 '하자' '하지 말자' '예쁘다' '추하다' 등 문장 전체의 의미를 결정하는 서술어가 문장의 맨 뒤에 오기 때문에, 당신의 머리가 아무리 좋아도 중간에 말을 가로채면 상대방의 의도와 반대로 해석할 수도 있다. 사람들이 당신의 추측이 맞다고 말하는 것은 꼭 당신 말이 맞아서가 아니다. 그들이 당신보다 지위가 낮거나, 당신과 시비하기가 싫어서, 당신이 자기 말을 반대로 알아들었음에도 큰 지장이 없기에 "맞다"고 인정하고 대화를 피하는 것이다. 아마도 마음을 터놓고 대화할 상대가 없어 외로울 때가 많을 것이다. 당신이 추측하는 내용이 맞건 틀리건, 당신과 대화하는 것은 유쾌하지 않기 때문이다.

당신은 어눌한 상대방의 말을 끝까지 듣는 것이 시간 낭비라고 생각할 수 있지만, 상대방은 오히려 당신이 말귀도 못 알아듣고 건방지기만 한 사람이라고 생각할 수 있다. 상대방의 그런 생각을 바꿔주지 않는 한 그와의 대화는 영원히 겉돌게 된다.

주변 사람들을 억압하지 않고도 당신의 말에 따르도록 하고 싶다면, 상대방이 말하는 내용이 빤해 보여도 중간에서 자르지 말고 끝까지 듣는 습관을 들인다. 도저히 기다릴 수 없을 때는 지금까지 들은 내용을 간단히 요약해서 말하고 "결론이 이러저러하지요?"라고 물으면 된다. 그러면서 상대방에게 결론을 짓게 하면 그는 중간에서 말이 잘렸다는 기분을 갖지 않는다.

5

나이 값을 존중해야 나도 존중받는다

어머니 연배의 아주머니가 운전을 느리게 한다고 상스런 욕설을 내뱉거나 아버지 연배의 어른이 매너 없는 행동을 한다고 대놓고 욕을 하면 당신 부모님도 어디선가 당신 또래의 젊은이들에게 그런 모욕을 당할 것이다. 부모님이 당신과 같은 젊은이를 만나지 말라는 보장이 없지 않은가?

말투는 습관이다. 어느 자리에서든 함부로 말하는 습관이 몸에 배면 사회생활을 시작한 후에도 바꾸기 쉽지 않다. 상사 앞에서 혹은 웃어른 앞에서 존댓말을 제대로 사용하지 못하거나 연장자에게 잘못된 말버릇을 보이면 그가 아무리 일처리를 잘하고 능력이 있어도 인정받기 힘들다.

말이란 생각의 결과물이어서 당신의 경박한 말투와 비속어 사용 등은 당신의 인품을 깎아내린다. '신언서판(身言書判)'이란 말이 있듯 몸가짐과 말씨는 아주 오래전부터 인품의 지표로 사용되어 왔다.

그런데 나이를 존중하라는 말은 어린 사람에게만 해당되는 말이 아니다. 나이 든 사람도 이미 성인이 된 청년들에게는 깍듯한 경어를 쓰며 어른 대접을 해주어야 한다. 자신보다 어리다고 무턱대고 반말을 사용하면 당신에게 존경심을 갖기 힘들다. 적절한 경어와 품위 있는 말을 사용해야만 유쾌한 대화를 할 수 있다.

6

여럿이 대화할 때는
모든 사람을 참여시킨다

동아리나 동호회 모임 등 많은 사람들이 모인 자리에서는 모두 참여할 수 있는 주제로 대화를 나눠야 한다. 여럿이 모인 자리에서 몇몇 사람들만 아는 주제로 끼리끼리 대화를 나누면 소외된 사람들은 슬슬 모임이 재미없어지고, 이것이 오래 지속되면 모임까지 멀리한다. 그러므로 당신이 모임의 책임자라면 이 점을 기억하자.

또 몇몇 사람만 알고 있는 정보를 쑥덕거리지 않는 것이 기본 매너이다. 만약 멤버 중 몇몇 사람들만 알고 있는 것을 화제에 올려야 할 때는 모두가 이해할 수 있도록 설명해 주고 난 후 대화를 시작해 소외 그룹이 생기지 않도록 하는 것이 좋다.

사람은 소외되면 자신을 향한 음모가 꾸며진다고 오해하기 쉽다. 그래서 여럿이 모인 자리에서 몇몇 사람들끼리만 속닥거리면 '저 사람들이 내 흉을 보는 것은 아닐까?' 라는 의심이 생겨 화가 나기 시작한다. 화는 억제한다고 사라지는 감정이 아니다. 그래서 화가 나도록 만든 사람과는 절대로 유쾌한 대화를 나눌 수 없다.

　가정에서는 나이 드신 부모님 앞에서 자식들끼리만 속닥이지 말아야 하며, 엄마 앞에서 아빠와 딸만 속닥이거나 아빠 앞에서 엄마와 아들만 속닥이지 말아야 한다. 친밀한 관계일수록 대화에서 소외되면 더욱 서운한 법이다.

1
인사는 큰소리로 정중하게 한다

《보컬 파워》의 저자 아서 조세프는 "목소리는 우리 몸을 돌아다니는 에너지이며 감정"이라고 했다. 그러므로 작은 소리로 적당히 인사하면 에너지가 전해지지 않아 인사로 받아들여지지 않는다. 주위를 조금만 눈여겨보면 잘 되는 매장의 종업원들은 큰소리로 당당하게 인사하고, 영업이 잘 되지 않는 매장의 직원들은 기어드는 목소리로 인사하는 것을 알 수 있다.

잘나가는 직원은 당당하게 먼저 인사하고, 불평 많은 직원은 기어드는 소리로 까딱 목례만 한다. 당신은 쑥스러움에 선뜻 큰소리를 내지 못하는 것이지만 인사를 받는 사람이 어찌 알겠는가. 그러므로 상사를 만났을 때는 큰 목소리로 당당하게 인사를 하는 것이 좋다.

나 역시 마트의 시식 코너를 돌 때 판매원의 목소리가 당당하고 또렷하면 다시 한 번 돌아보게 된다. 그리고 굳이 필요하지 않아도 하나쯤 충동적으로 산 적도 있다. 판매원의 열정이 고객에게 전달된 것이라고 생각한다.

오늘부터 바꿔보자. 만약 인사를 받는 사람이 가족이라면 "웬일이야? 내일은 해가 서쪽에서 뜨겠네." 하며 농담을 던져 당신을 민망하게 만들지도 모른다. 그러나 그런 반응은 당신에 대한 새로운 관심의 표현이니 쑥스러워할 필요 없다.

8

말은 되로 주고 말로 받는다

말은 주는 대로 받는다. 아니, 되로 주고 말로 받는다. 말로 받은 상처는 마음에 화를 만든다. 마음의 화는 일단 발생하면 뭉게구름처럼 무럭무럭 자란다. 그 화는 앙갚음을 해야만 없어진다.

완벽해 보이는 사람도 들춰보면 허물이 없을 수 없는 법. 누구든지 마음먹고 들추면 감춰둔 허물이 쓰레기더미처럼 우르르 쏟아져 나온다. 당신의 말에 마음의 상처를 받은 사람은 자기 마음에 생긴 화를 없애기 위해 당신의 허물을 더욱 많이 들춰낸다. 말로는 다 할 수 없는 욕설과 비난으로 서로 할퀴고 피 흘려 관계는 완전히 끝이 난다.

이혼하는 부부들도 처음에는 아주 작고 사소한 허물을 지적하는 것으로 시작한다. 아내가 "제발 치약 좀 가운데부터 짜지 마."라고 지적한다. 남편은 아내의 말투에 기분 나빠 다음에도 보란 듯이 치약을 가운데부터 짜서 썼다. 아내는 남편이 자신의 말을 무시한다며 상처를 입었다. 그래서 "당신 어머니 가정교육이 문제야!"라고 수위를 높여 말했다. 남편은 격분해서 "너희 어머니 가정교육은 어떻고? 냉장고를 한 번 치우나, 입고 다니는 옷 꼬라지 하고는……." 하며 몇 배로 되갚아주었다. 다음 말은 뻔하지 않은가? "너같이 천박한 인간 하고는 못 살아!" 그러다가 이혼 법정까지 간 것이다.

동료 간에도 마찬가지다. "머리 모양 좀 바꿔봐. 지금 그 머리는 얼굴이 더 넓적해 보여."라거나 "이목구비는 괜찮은데 주근깨가 너무 많네."와 같은 본인도 잘 알고 있지만 드러내기 싫은 콤플렉스를 지적하면 당신도 지지 않고 더욱 수위를 높인 말을 하게 된다. 그 때부터 그와는 모든 대화에 가시가 돋는다.

그의 허물이 당신 눈을 어지럽혀도 절대 입에 올리지 말라. 당신이 그의 허물을 입 밖으로 내뱉는 순간, 그의 눈은 당신 허물을 찾는 현미경으로 변할 것이다.

사람의 뇌는 한 번 집착하면 그것만 보는 속성이 있어, 당신

이 타인의 허물에 집착하는 태도를 버리지 않으면 당신의 뇌는 사람을 볼 때 허물부터 보게 된다. 본 것은 숨기기 어려워 입 밖으로 내야 마음이 편한 법. 당신은 자신도 모르게 남의 허물만 들추는 사람이 될 것이다.

9

이미 결정된 일에는 토를 달지 말라

죽어라 노력했는데 메달 못 딴 선수에게 "좀 더 열심히 하지 그랬어."라거나 밤잠 안 자고 공부하고도 취업 못해 약 오르는 사람에게 "잘 잠 다 잘 때 알아봤다. 더 노력하라고 했잖아."라고 말하는데 좋은 말로 대꾸하고 싶은 사람은 한 명도 없다. 이미 망친 시험을 두고 "그렇게밖에 못 풀었어?"라고 말하거나 저조한 실적을 두고 "실적이 그게 뭐야, 실적이!"라고 말하는 것 역시 듣는 사람 기분만 상하게 할 뿐이다.

당신의 충고를 받아들이지 않아 상대방이 낭패를 보아도 "내가 그렇게 하지 말라고 했지? 그럴 줄 알았어."라고 말하지 말라. 그는 이미 당신의 충고를 받아들이지 않은 사실을 뼈저

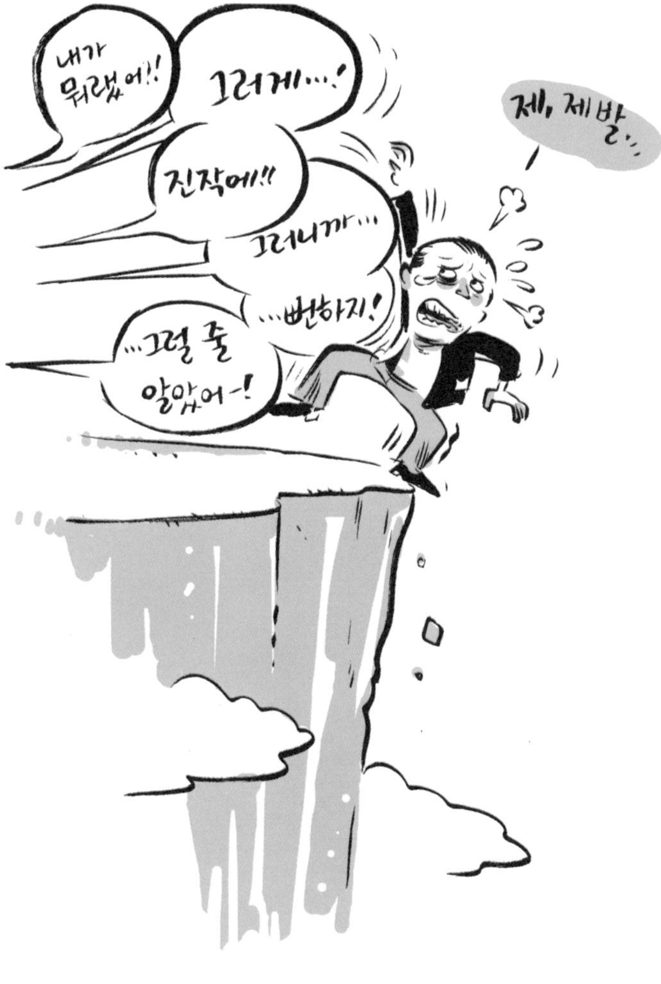
내가 뭐랬어?!
그러게…!
진작에!!
그러니까…
…뻔하지!
…그럴 줄 알았어-!
제, 제발…

리게 후회하고 있으니 말이다.

　사람들과 유쾌한 대화를 나누고, 좋은 인간관계를 만들고 싶은데 잘 되지 않는가? 그렇다면 당신을 돌아보라. 상대방에게 상처를 줄 의도가 전혀 없었지만 그는 이미 당신의 말에 상처를 입고, 당신과의 대화를 바라지 않는다. 지금 당신의 대화법을 점검할 때이다.

10

억울함을 호소하는 말은
요란할수록 역효과만 난다

경쟁 사회에서 억울한 일을 겪지 않는 사람은 없다고 해도 과언이 아니다. 서로에게 피해를 주지 않기 위해 만든 규칙에도 억울한 사람은 있는 법이다. 세상의 모든 억울함을 다 없애려면 최소한의 규범도 만들 수 없기 때문이다.

아테네올림픽 이후에 만든 영화 〈우리 생애 최고의 순간〉의 주역으로 인기를 모은 여자 핸드볼 국가대표팀은 베이징올림픽 준결승전에서 경기가 끝나는 순간 던져진 상대 팀의 골이 시간 경과 후 골대에 들어갔는데도 심판들이 득점으로 인정해 억울하게 지고 말았다. 게임을 중계하던 우리나라 방송사의 캐스터들도 마지막 골인 장면을 느린 화면으로 바꾸어 시계가 멈

춘 후 골이 들어가는 모습을 보여주며 억울함을 호소했다. 4년 이라는 세월을 땀과 각고의 노력으로 이어온 결전이었던 만큼 그 억울함이란 말로 다 표현할 수 없었을 것이다. 그러나 국제 핸드볼연맹은 비디오로는 판정하지 않는다는 규정이 있었고, 그 규정에 따라 육안으로 골인을 확인한 결과를 뒤집지 않는다고 결정했다. 감독과 선수들은 더 이상 변명하지 않고 결과를 겸허히 받아들였다. 국민들은 그런 여자 핸드볼 팀에게 큰 박수를 보냈다.

직장에서 열심히 일했는데도 "모두 왜 이 모양이야?" "우리 부서는 왜 허구한 날 꼴찌만 하지?"라는 상사의 비난을 들으니 너무 억울하다. 또 가정에서 형제 자매의 잘못을 대신 뒤집어쓰고 부모님께 꾸중을 들은 일도 있다. 그런 일을 당하면 너무나 속이 상해 "나는 억울하다!"를 외치고 싶겠지만, 그런 외침은 당신의 억울함을 전달하기는커녕 "사소한 일로 어지간히 시끄럽게 구는군." 혹은 "웬 변명이 그렇게 많아?"라는 오해만 산다.

이 때는 참는 것이 좋다. 그리고 감정을 가라앉힌 후 이성적인 목소리로 "그건 제가 한 일이 아닙니다."라고 전후 사정을 설명하는 것이 현명하다. 그러나 상대방이 당신만 비난하려고

한 말이 아니기 때문에 그렇게까지 할 필요도 없다.

대화란 상대적인 것, 당신이 유쾌하게 대화하고 싶어도 상대방이 호응하지 않으면 이루어지지 않는다. 그러므로 억울한 일을 당했을 때는 더욱 목소리를 낮춰라. 상대방이 미안해서라도 당신에게 우호적인 대화를 청해 올 것이다.

11
안다고 생각하는 것이 꼭 아는 것은 아니다

아는 것과 안다고 생각하는 것은 크게 다르다. 안다고 생각하는 것이 꼭 아는 것은 아니기 때문이다. 그런데도 많은 사람들이 안다고 믿는 것을 아는 것처럼 자신만만하게 말한다. 그러다 틀린 것으로 밝혀지면 "아니면 말고." 식으로 발뺌하면 그만이라고 생각하는 것이다. 그러나 당신이 악의 없이 한 말로도 다른 사람을 구렁텅이로 몰아넣을 수 있다. 꽃다운 나이에 스스로 목숨을 끊은 연예인 중 악성 댓글로 우울증을 앓았던 사람들이 많았듯이 말이다.

회사 내에 떠도는 소문을 확인하지 않고 사실인 것처럼 이리저리 전하고 다니거나, 자기 의견을 보태 부풀리기까지 하면

나중에 사실을 호도한 책임자로 몰리기 쉽다. "상무님이 그렇게 말씀하셨다." "부장님 생각도 그렇다고 하더라." "곧 감원한다더라." "우리 회사의 이번 수출이 좌절됐다더라." 등 확인되지 않은 사실을 마치 자신이 그 소문의 진원지인 것처럼 말하면 회사에 큰 손실을 초래해 당신뿐만 아니라 상사들까지 연대 책임을 질 수도 있다. 따라서 소문이 확실해 보여도 잘 모르는 것은 "모른다."고 말하는 것이 좋다.

거리에서 낯선 사람이 길을 물을 때도 정확히 모르면 "모른다."고 대답해 주어야 그를 돕는 것이 된다. 잘 알지도 못하면서 엉터리로 일러주면 그 사람은 쓸데없이 헤매며 고생할 것이다.

사람들은 '모른다'고 말하는 것을 부끄럽게 생각한다. 그래서 '모른다고 말하면 바보 취급하지 않을까?' '그 정도도 모른다고 하면 나를 무능하게 보겠지?'라는 생각이 들어 웬만하면 모른다는 말을 하지 않는다. 그러다 보니 정확히 몰라도 아는 것처럼 느껴지면 안다고 말한다.

모르는 것을 모른다고 말하는 것은 죄가 아니다. 모르는 것을 안다고 말하는 것이 죄이다. 그 말이 거짓말이 되기도 하고, 본의 아니게 상대방을 곤경에 빠뜨릴 수 있다.

12

팥으로 메주를 쑨다는 말도
당당하게 하면 믿는다

이 시대는 숫기 없고 얌전한 것이 더 이상 자랑거리가 되지 못한다. 의견이 있으면 당당히 말하고, 주장이 있으면 관철할 줄 알아야 자신의 가치를 인정받을 수 있는 시대이다.

열정, 미움, 분노 같은 감정은 숨기려고 해고 숨겨지지 않는다. 말하는 사람의 목소리와 표정, 태도에 그대로 드러난다. 그래서 화려한 미사여구가 없어도 열정적으로 말하면 듣는 사람의 마음을 움직인다. 말하는 사람의 열정은 그 자체가 힘을 갖기 때문이다. 따라서 당신이 열정을 담아 말하면 "팥으로 메주를 쑨다."는 말도 믿게 된다.

동료들을 대표해 휴무 제도를 바꾸어달라는 제안을 하려면

당당하게, 그리고 열정적으로 말해야 제안이 받아들여질 가능성이 높다. 상대방 형편을 빤히 아는데 들어주기 힘들 거라며 주저하거나 자신없는 목소리로 말하면 듣는 사람의 마음을 움직일 수 없다. 말하는 당신조차 자기 말에 확신을 갖지 못하는데 듣는 사람이 어떻게 당신의 말을 받아들이겠는가.

부탁을 해야 할 때는 특히나 부정적인 예감이 든다. '내 부탁은 무리야.' '이 말은 하나 마나야.' 그런 생각을 안고 말하면 예측대로 거절당한다.

따라서 팥으로 메주를 쑨다는 말을 해야 할 상황에 처하더라도 당당하게 열정적으로 말하라.

13

요구하지 않는 일을 챙겨주고
생색내면 바보된다

사랑하는 사람은 그가 요구하지 않아도 챙겨주고 싶다. 그런데 때때로 연인이 전혀 고마워하지 않는다. '챙겨주느라고 얼마나 힘이 들었는데 그것도 모르다니…….' 순간 섭섭한 생각이 든다. 당신은 희생해 가며 챙겨주었지만, 상대방은 그 일이 별로 필요하지도 않았다. 그러면 고마움을 느끼기 어렵다. 그런 사람에게 생색을 내면 "누가 해달랬어?"라는 소리만 들을 것이다.

싫다는 연인에게 먹을 것, 입을 것을 당신 취향대로 챙겨주고, 소개팅한 여성이 부담스럽다는데도 굳이 집 앞에까지 바래다주는 스타일이라면 당신의 수고를 고마워하지 않는 사람들

때문에 기분 상한 적이 많았을 것이다. 상처에 더 이상 괴로워
하지 말고 그가 요구하지 않는 일은 더 이상 챙기지 말라. 챙겨
주지 않고는 못 견딜 성격이라면 챙겨준 일로 생색내지 말라.
"사람 마음을 너무 몰라준다."는 푸념도 그만두라.

'동료들이 고마워하겠지.' 라는 마음으로 커피를 가져다주
고 책상 위를 치워주었다면 지금부터는 그 일을 그만두라. 그
들은 당신이 어떤 일을 하고 있는지 전혀 관심이 없다. 생색내
려다 모양만 우스워진다.

14

다름을 인정해야 말이 통한다

  말은 사고방식, 철학, 자라온 문화, 정서의 산물이다. 그런 것이 다르면 같은 말도 다르게 들릴 수 있다. 나이 든 사람들은 '엽기'라는 단어를 들으면 끔찍해서 저절로 오싹해지는 장면을 연상하지만, 젊은이들은 특이하고 새로운 것을 떠올린다. '섹시'라는 단어도 나이에 따라 성적으로 문란함을 떠올리는 사람과 멋진 외모를 떠올리는 사람으로 나뉜다. 나이, 부모의 양육 태도, 정서, 가치관 등에 따라 같은 말도 다르게 들리기 때문이다.

  대화는 타인은 나와 다름을 인정하는 데서부터 시작해야 한다. "왜 말귀를 못 알아듣지?"라고 화를 내기 전에 연인 또는 배우자가 당신과 다른 이성이라는 것, 상사 또는 부하 직원이 당신과 다른 위치라는 것, 친구 또는 동료가 당신과 다른 입장이라는 것을 인정해야 대화가 쉬워진다. 상대방도 나와 똑같아야 한다고 기대하면 같은 공간에서 평생을 지내도 대화가 막히고 갈등이 일어난다.

나 역시 세 살 아래 여동생과 무섭게 싸우며 자랐다. 그녀는 느리고 나는 빠르고, 그녀는 꼼꼼하고 나는 털털하고……. 무엇 하나 맞는 것이 없어서 항상 서로를 못마땅해 했다. 그러나 나이가 든 후 서로 다르다는 것을 인정할 만한 너그러움이 생기자 속은 터지지만 기다려줄 마음의 여유가 생겼다. 그 때부터 대화가 통하기 시작했다.

당신의 대화 상대가 누구든지 당신과 다르다는 것만 인정해도 지구촌 어디를 가든지 유쾌한 대화를 나눌 수 있다.

15

그가 소중히 여기는 것은
비판하지 말라

내가 소중히 여기는 것을 누군가가 비웃으면 화가 난다. 그런 기분으로 대화는 물론 마주보는 것조차 거북하다. 유쾌한 대화를 통해 사람의 마음을 얻고 싶다면, 그가 소중히 여기는 것은 아무리 우습게 보여도 절대 비판하지 말라. 당신 눈에 낡고 초라해 보여도 그에게는 인생에서 가장 아름다운 추억이 깃든 소중한 물건일 수 있다.

당신 눈에는 담배가 건강이나 해치는 것으로 보여도 아버지에게는 인생의 동반자일 수 있으며, 진한 다방 커피도 당신 눈에는 속이나 버리는 식품으로 보이지만 어머니에게는 유일한 위안거리일 수 있다. 당신 눈에 이상해 보이는 종교도 어떤 사

람에게는 그 어떤 종교보다 더 신성하고, 당신은 이해할 수 없는 신념도 그에게는 살아가는 이유일 수 있다.

당신이 그 사람을 사랑한다는 이유로 그가 아끼는 담배에 대해 "건강에 해로우니 당장 내다버리세요."라고 말하거나 낡은 가방을 끼고 다니는 것을 보고 "그 가방은 너무 지저분하니 제발 버려라."라고 말하면 그는 당신에게 결코 마음을 열지 않을 것이다. 사람을 알아야 대화가 유쾌해진다.

16

타고난 외모나 성격을
농담으로 만들지 말라

사람에게는 선천적이어서 절대 고칠 수 없는 것과 후천적인 노력으로 고칠 수 있는 요소가 있다. 습관, 생각, 태도, 행동은 후천적인 노력으로 고칠 수 있지만, 외모나 성격은 근본은 바꿀 수 없다. 그런데 당신이 외모나 성격을 비하하며 농담으로 만들면 상대방에게는 큰 상처가 된다.

동안과 V라인, S라인, 몸짱 등이 유행하면서 남의 외모를 비하해 웃기려는 사람들이 많아졌다. 특히 TV 방송의 오락 프로그램에 출연한 연예인들이 상대방의 외모를 비하하며 시청자를 웃기자 일반인들도 그걸 아무렇지 않게 받아들이게 되었다. 연예인들이야 직업 정신으로 이런 문제를 극복하겠지만 일반인들에게는 어려운 일이다.

사람에게는 누구나 드러내고 싶지 않은 콤플렉스가 있는 법인데, 그 콤플렉스를 부각시켜 우스개로 만들어버리면 기분 좋게 받아들일 수 있겠는가. 가뜩이나 과체중으로 고민 중인데 '돼지' '풍선' 등 과체중을 상징하는 별명을 만들어 놀리거나, 얼굴 생김새가 특이한 것을 콤플렉스로 여기는 사람에게 쥐를 닮았느니 메뚜기를 닮았느니 하며 놀리면 마음 좋게 웃을 수 있겠는가.

나 역시 체중이 급격히 는 후에 비슷한 경험을 한 적이 있다. 한 번은 회사 출입문의 잠금 장치를 디지털로 바꾸려고 기술자를 불렀다. 기술자는 사무실 입구에서 직원과 잠금 장치의 견적을 이야기하다가 큰 목소리로 "그 뚱뚱한 아줌마가 아나운서 출신이라고요? 사장이고요?"라고 소리쳤다. 내가 없는 줄 알고 한 소리였는데, 마침 외출에서 돌아오는 길에 그의 말을 듣고 말았다. 나는 몹시 화가 나서 표정 관리조차 안 되었다. 나는 직원을 불러 그 사람을 돌려보내고 다른 기술자를 부르도록 했다. 그 기술자는 백배 사죄했지만 내 마음이 풀리지 않았다.

나는 그가 악의 없이 말했다는 것을 안다. 그런데 백 번 그

사람 입장을 이해하려고 애써도 불쾌감이 사라지지 않아 어쩔
수 없었다. 그런 불쾌감을 참으면서까지 그와 거래할 생각이
없었던 것이다.

듣기 싫은 말은 독화살에 묻은 독처럼 가슴을 깊이 파고든
다. 친한 사람끼리는 흉허물이 없어 그런 농담을 해도 가슴에
담아두지 않을 것 같지만 절대 그렇지 않다. 오히려 "속 좁게
뭘 그래? 웃자고 한 말인데 뭘 그렇게 예민해?" 등의 반응이
나올 것이 뻔해 그만두라는 말조차 꺼내지 못해 더욱 불쾌할
수 있다. 불쾌감은 대화를 가로막을 뿐만 아니라 관계까지 해
친다.

17

비교하면 나는 더 심하게 비교당한다

같은 말도 비교해서 하면 더 듣기 싫은 법이다. 소박한 외모의 연인을 화려한 외모의 다른 이성과 비교하거나, 돈 잘 버는 다른 집 남편과 비교하는 것, 공부도 잘하고 운동도 잘하는 친구 아들과 비교하는 것은 오히려 대화를 막아버린다.

당신이 지금 가족, 친지, 동료와 대화가 안 통해 고민이라면 자신도 모르게 그들을 누군가와 비교해 온 것은 아닌지 생각해 보라. 비교해서 말하기는 쉽다. 오죽하면 청소년들이 '엄친아(나와 비교되는 잘난 엄마 친구 아들)'라는 용어를 만들어냈겠는가.

당신만 비교할 줄 아는 것이 아니다. 그들도 당신보다 더 잘난 사람, 더 능력 있는 사람, 더 외모가 나은 사람을 알고 있다.

다만 충돌이 싫어 대꾸하지 않을 뿐 속으로는 '자기도 별 볼일 없으면서……' 라며 업신여길는지도 모른다.

　대화란 서로 존중할 때 통하는 법이다. 당신이 비교하면 상대방은 자신을 업신여긴다는 생각이 들어 대화가 막히는 것이 당연하다. 세상에는 당신보다 뛰어난 사람들이 많다. 당신이 주변 사람들을 누군가와 비교하면 그들 역시 똑같이 행동하며 당신을 조롱할 수 있다.

18

들려주고 싶은 말이 아니라
듣고 싶은 말을 하라

말은 잘하는 것이 중요한 것이 아니라 잘 들리게 해야 한다. 아무리 말을 잘해도 들어줄 사람이 듣지 않으면 가치가 없어진다. 아프리카 사람들에게 지난 겨울 우리 동네에 눈이 많이 내려 고생했다거나, 도시의 빌딩이나 네온사인 이야기를 들려주면 무슨 말인지 전혀 이해하지 못한다. 사람은 자기 머릿속에 들어 있는 개념 안에서 말을 듣기 때문이다.

방송에서 파충류 소녀로 활동하던 김 디에나 양. 3년의 공백기를 깨고 연예계로 복귀하며 토크 쇼에 출연해 미국에서 건너와 한국 학교에 다니며 겪었던 고충들을 털어놓았다. 막 한국에 왔을 때 미군이 탱크로 소녀들을 죽게 한 효순 · 미순 양 사건이 일어났다. 학교 선생님들은 촛불 시위를 하는 사람들이 성조기를 불태우는 장면을 찍은 비디오를 보여주었다. 디에나는 효순·미순 양이 가여워서 울었다. 그런데 친구들은 성조기가 불타는 장면을 보고 운 것으로 해석했다. 하지만 우리말이 서툴러 자신이 운 이유를 설명할 수가 없었다. 친구들은 그녀에게 당장 미국으로 돌아가라며 험한 말로 구박했다.

이처럼 같은 일도 바라보는 관점이 다르면 다르게 해석하는 것이 사람이다. 그리고 내가 하고 싶은 말이 상대방도 듣고 싶어 하는 말일 것이라는 생각도 큰 착각이다. 당신은 자식을 위해 "공부 좀 열심히 하라."고 말하지만 자식은 '부모님 체면 때문에 우리에게 스트레스를 준다.'고 해석할 수 있다. 시험 성적이 안 나온 아이가 듣고 싶어 하는 말은 "그것도 점수라고 받았어?"가 아니라 "괜찮아. 다음에 잘하면 돼."라는 위로의 말일 수 있다. 실적 낮은 부하 직원이 상사에게 듣고 싶은 말은 "실적이 그게 뭡니까? 정신 차리세요!"가 아니라 "지난 일은 잊고 앞으로 잘할 생각만 하게. 처음부터 다시 시작해 보자고. 힘내!"라는 말일 수 있다.

우리는 듣고 싶은 말만 마음에 담고, 듣기 싫은 말은 걸러서 내다버린다. 당신이 하고 있는 말도 때때로 듣는 사람의 마음만 상하게 하고 말로서의 가치를 잃을 수 있다.

들고 싶어 하는 말을 하라. 막혔던 대화가 뚫리면서 그들이 당신에게 가졌던 거리감이 한순간에 사라질 것이다.

19

같은 말을 두 번 하면 잔소리다

　말하는 사람들은 자기가 한 말이 상대방에게 제대로 전달되지 않을까봐 조바심이 난다. 그래서 자신도 모르게 한 말을 또 하기도 한다. 그러나 듣기 좋은 꽃노래도 한두 번. 같은 말을 반복해서 들으면 지겨운 법이다. 나중에는 "내가 그렇게 쉬운 말도 못 알아들을 줄 아느냐? 나를 무시하지 말라."고 화를 낸다. 진짜 잘 못 알아들었어도 같은 말을 반복하면 "이미 다 알아들었다!"며 역정을 내기도 한다.

　그러므로 한 번 한 말은 절대 두 번 다시 반복하지 말라. 부득이 반복해야 한다면 다른 단어, 다른 문장, 다른 목소리로 분위기를 바꾸어 말하라.

열심히 말해도 듣는 사람이 귀를 기울이지 않는 이유는 같은 말을 너무 많이 반복해 흘려듣기 때문이다.

매일 늦게 귀가하는 남편에게 "오늘은 제발 일찍 들어오라." 고 말했는데도 남편이 여전히 늦게 귀가한다면 당신의 말이 지겨워졌기 때문이다.

당신 물건을 가져다 쓰고 돌려주지 않는 동생에게 "한 번만 더 가져가면 가만 안 두겠다!"며 으름장을 놓아도 여전히 그 문제가 개선되지 않는다면, 당신이 충분히 으름장을 놓지 않아서가 아니라 동생에게 같은 말을 여러 번 반복해 우습게 여기는 것일 수도 있다.

만약 당신이 전과 다른 표정, 다른 어조로 "내가 뭘 싫어하는지 잘 알지? 더 이상 잔소리하기 싫어. 그러니 내 말을 들어줘."라고 말한다면 그들은 당신 말에 귀를 기울일 것이다. 당신의 달라진 태도가 마음에 걸려 바로 행동에 옮긴다.

20

억지로 위로하지 말고 그냥 들어주어라

때로는 불행을 혼자 삭이고 싶은 사람도 있다. 그들에게는 그것을 끄집어내 말로 되씹는 것이 상처가 된다. 사랑하는 사람을 잃으면 어떤 말로도 위로가 안 된다. 억울한 누명을 쓴 사람은 그 어떤 것으로도 보상받을 수 없다. 슬프거나 억울하거나 분하거나 두려울 때는 차라리 말없이 바라만 보는 것이 위로가 되는 법이다.

마음에 박힌 상처는 스스로 꺼내 밖으로 내버려야만 치유가 빠르다. 그런 사람에게 위로의 말을 해 감정을 끄집어내는 것은 그들이 말할 기회를 박탈하는 것이다. 위로의 말을 하느니 그들의 손을 꼭 잡아주거나 등을 다독여주어라. 어떤 때는 말보다 몸으로 하는 언어가 더 확실히 전해지는 법이다.

개그맨 김국진 씨는 이혼 후 몇 년의 공백기를 가진 후 방송에 복귀했다. 복귀한 그는 "이혼보다 더 고통스러운 것이 이혼을 위로하는 동료들의 말이었다."고 말했다. 취업이 잘 안 되는 당신에게 "또 안 된 거야? 정말 속상하겠다."라는 친구 말이 위로가 될까? 사랑하는 사람과 헤어진 당신에게 "마음이 많이 아프겠구나. 사랑은 또 할 수 있으니 잊어버려라."라는 가족의 말이 위로가 될까? 부모를 잃은 사람이 "너무 슬프시겠습니다."라는 말로는 위로를 받을 수 없다.

그가 말하고 싶어 하면 그저 열심히 들어주면 된다. 그것이 마음을 다해 그와 대화할 수 있는 방법이다.

21

어릴수록 반말을 더 싫어한다

아이 적에는 어서 커서 어른이 되고 싶다. 학령기 아이들은 0학년인지 1학년인지를 가지고 치열하게 싸운다. 그런 만큼 어리다고 반말을 들으면 몹시 싫어한다. 아이들은 어른 대접을 받고 싶어 하기 때문이다.

그런데 어른 중에는 아이들은 무조건 어리다고 생각해 초면부터 반말하는 경우가 많다. 직장 상사는 신입 직원에게, 선배는 후배에게 반말하는 것이 다정함의 표현이라고 착각하는 경우도 많다. 하지만 그가 듣기 원하지 않는 반말은 반발심만 불러일으킨다. 반발심을 가진 사람과는 대화가 통할 수 없다.

당신의 회사 분위기가 가족적이라면 후배나 부하 직원들에게 반말하는 것을 예사롭게 생각할 수 있다. 소탈하고 누구하고든지 금방 친해지는 성격을 가진 당신은 나이 어린 사람을 만나면 무조건 반말부터 한다. 그러나 직원들이 모두 당신처럼 생각하는 것은 아니다. 어떤 이는 "왜 반말이야? 여기가 직장이야, 조폭 모임이야?" 하며 투덜댈 것이다. 그런 마음으로는 대화가 통하기 어렵다. 직장에서는 업무 협조까지 가로막힌다. 상대방이 어리건, 직급이 아래이건 "말을 놓으십시오."라고 요청하지 않는 한 존댓말을 사용하라.

22

신분이 바뀌면
즉시 바뀐 호칭으로 불러라

직장 직위는 신분증과 같다. 직위가 바뀌면 신분이 달라진 것이다. 익숙해서 또는 어색해서 예전 호칭대로 부르면 직위가 바뀐 것을 인정하지 않는 것이 된다. 만약 당신이 그와 경쟁 관계에 있었다면 이는 매우 졸렬한 사람으로 비춰질 수 있다. 또 비즈니스 관계에 있다면 매우 큰 실례가 아닐 수 없다. 그러므로 거래처 담당자의 인사 발령은 반드시 챙겨라.

가정에서도 결혼으로 가족이 되면 그에 걸맞는 호칭으로 바꿔 불러주어야 가족으로서의 소속감이 생긴다. 새댁인 당신이 결혼 후에도 남편을 오빠라고 부르거나, 아내를 이름으로만 부르면 시댁 또는 처가와의 소속감이 생기지 않아 어른들과의 관

계가 오래 서먹할 수 있다.

　호칭은 별 것 아닌 것 같지만 소속감과 깊은 관련이 있어, 호칭을 바꾸어 부르는 것만으로도 소속감이 강화된다.

23

곤란한 질문이나 어려운 부탁은
대답할 시간부터 벌어라

살다보면 부탁할 일도 많고, 부탁받을 일도 많다. 그런데 좀 부담스러운 부탁을 받으면 부탁하는 사람과의 관계 때문에 딱 잘라 거절하지 못하고 고민하는 경우가 많다. 언젠가는 자신도 부탁을 해야 하는 입장이 될 수 있으니 조심스러운 것이다. 또 이미 같은 일로 신세를 진 적이 있어도 거절하기가 어렵다.

그러나 그런 사정 때문에 자신의 상황을 따져보지 않고 부탁을 들어주면 곤욕을 치를 수 있다. 마음에 갈등이 생기면 부탁을 받아들인 당신 자신을 탓하기보다 부탁한 사람을 탓하게 되는 경우가 많기 때문이다. 그렇게 되면 두 사람의 관계도 껄끄러워진다. 부탁을 거절한 것보다 못한 상황을 맞는다.

따라서 거절하기 어려운 부탁은 말을 듣자마자 대답하지 말고 "내 스케줄을 보고 대답해 줄게." "아내와 의논해 볼게." "남편에게 물어볼게." 등의 말로 답변을 준비할 시간을 벌어두라. 자기 사정과 겹치는지도 모르고 대답해 곤란을 겪을 수 있기 때문이다. 시간을 벌어두고 자신의 상황을 살피면 그런 실수를 하지 않아도 된다. 부득이 거절해야 할 경우에도 거절 이유를 분명히 말할 여유도 생긴다.

부탁뿐만 아니라 곤란한 질문을 받았을 때도 즉답하지 말고 대답할 시간을 벌어두는 것이 좋다. 직장인들은 비즈니스 기밀에 속하는 질문을 받을 수도 있고, 나중에 루머로 떠돌 수 있는 개인 신변에 관련된 질문을 받을 수도 있다.

질문하는 사람은 답을 빨리 듣고 싶어 당신이 대답을 피해도 웬만해서는 물러서지 않는다. 그러나 당신이 "지금은 잘 모르겠습니다. 알아보고 대답하겠습니다."라고 분명히 말하면 더 이상 재촉하지 못한다. 당신은 질문을 받자마자 바로 대답해야 한다고 생각해 밝히기 싫은 비밀을 폭로하고 후유증에 시달릴 필요는 없다.

열애설이나 결별설에 시달리는 연예인들은 대부분 기자들의 집요한 질문에 못 이겨 즉답을 했다가 낭패를 본 경우가 많다.

곤란한 부탁이나 질문을 받으면 습관적으로 "생각해 보겠다." "지금은 대답할 수 없다."라고 분명히 말해 대답할 시간을 벌어두라. 껄끄러운 일을 예방할 수 있을 것이다.

24

공감 표현만이 충고가 될 수 있다

우리는 가까운 사람이 실패하면 그를 위로해 주어야 한다는 생각에만 사로잡힌다. 그래서 "그 정도는 아무것도 아니야. 나한테는 그보다 더한 일도 있었어……."라고 한술 더 떠 자신의 실패 경험담을 늘어놓거나 "정말로 좋은 경험을 한 거야. 그것이 너에게 약이 될 거야."라며 가르치려 든다.

하지만 그는 실패가 준 충격 때문에 매우 예민해진 상태다. 말의 뉘앙스 하나까지 꼬인 마음으로 해석할 수 있다. "기운 내. 좋은 쪽으로 생각해."와 같은 위로의 말도 실패를 단정해 버리는 말로 들릴 수 있다.

그러므로 그가 실패를 자책하며 "그렇게 하지 말았어야 했

어……"라고 발등을 찍을 때 "지난 일에 너무 집착하지 마."
라고 가르치려 들지 말고 "나도 알아. 나도 정말 속상해."라는
공감 표현만 하는 것이 좋다.

만약 그가 "나는 정말 바보야!"라며 자신을 원망할 때도 "그
런 소리 하지 마. 원숭이도 나무에서 떨어질 때가 있는 법이
야." 혹은 "나도 가끔 그런 바보짓을 해."라며 동정하지 말고,
"왜 그런 생각이 안 들겠어. 정말 속상하지."라고 공감만 표현
해 주는 것이 좋다.

실패한 사람에게 지금 당장 필요한 것은 멋진 충고나 비현실
적인 비전 제시가 아니다. 실패의 쓰라린 마음을 털어버릴 수
있는 공감대이다. 만약 친구가 수십 번째 취업 면접에 실패해
서 위로하고 싶거나, 자녀가 성적이 형편없이 떨어져 고민하거
나, 형제가 사업 실패로 전전긍긍한다면 조언하려 들지 말고,
가르치려 들지도 말고, 동정하지도 말고, 그저 실패의 쓰라린
감정에 공감만 표현하라. 당신의 배려만이 그가 빨리 실패를
딛고 일어서는 데 도움이 될 것이다.

25

실수에는 격려가 약이다

이미 끝난 일을 왈가왈부하며 비판하기는 쉽다. 그러나 그는 비판당하려고 그 일을 한 것이 아니다. 그래서 비판이 고맙지 않다. 지금의 결과에 그 역시 자신에게 화가 나 있다.

부하 직원은 죽어라 뛰었지만 실적이 오르지 않아 더 절망하고 있다. 전화한다고 약속해 놓고 지키지 못한 당신의 연인은 이미 몹시 미안해 하고 있다. 성적이 형편없이 떨어진 아이는 부모님 뵐 면목이 없어 자신에게 화가 나 있다. 어울리지 않는 옷을 입고 외출했거나 최근에 자른 머리가 이상해 보이는 친구는 표현을 안 할 뿐 이미 스트레스를 받고 있다. 그들에게는 어떤 충고도 귀에 안 들어온다.

한 번은 미용실에서 머리를 자르던 남자 손님과 미용사 간에 껄끄러운 일이 생긴 것을 목격했다. 미용사는 새벽 손님 때문에 잠을 설친 원장을 쉬게 하려는 갸륵한 마음으로 약간 서툴지만 자신이 남자 손님의 머리를 잘랐다. 그런데 안타깝게도 귀 윗머리를 짝짝으로 잘라버린 것이다. 한쪽이 너무 짧아 균형을 맞추면 우스꽝스러워질 것 같았다. 미용사는 이러지도 저러지도 못하며 안절부절했다.

원장이 일어나 백배 사죄하는 등 미용실 안에 큰 소동이 벌어졌다. 남자 손님은 화가 난 얼굴로 "머리 자라는 데 얼마나 걸리지요?"라고만 물었다. 원장이 "2주 정도……."라고 자신 없는 목소리로 대답했다. 그러자 남자 손님은 한숨을 크게 내쉬더니 "회사에 가면 다들 나를 보며 웃겠네요. 그런데 오늘 얼마죠?"하면서 돈을 지불했다. 그러고는 바들바들 떨고 있는 미용사에게 "최신 스타일 고마워요."라고 말하며 싱긋 웃어 보이고는 나가버렸다. 미용실에서 머리를 하던 모든 손님들이 일제히 그 남자를 다시 쳐다보았음은 말할 것도 없다.

만약 그 남자 손님이 "머리 어떻게 할 겁니까? 책임지세요!"하며 화를 냈다면 그 남자 손님에게 관심을 갖는 사람은 아무도 없었을 것이다. 그는 비록 실수했지만 미용사가 원장을 생

각하고, 또 최선을 다하려는 마음을 보았기에 오히려 격려해
주었던 것이다. 남자 손님의 말이 아니었다면 그 미용사는 그
곳을 떠났을지도 모른다. 말 한 마디가 사람을 이끄는 힘이 되
기도 한다.

26

목소리를 낮추면 오히려 높아진다

화가 나면 누구나 목소리가 올라간다. 부하 직원이 업무에서 실망스러운 결과를 보였을 때, 지인이 중요한 약속을 지키지 않아 낭패를 보았을 때, 무시당해 모욕감이 느껴질 때, 동료의 아니꼬운 행동으로 비위가 상할 때……. 자신도 모르게 목소리가 높아지는 상황은 정말로 많다.

목소리가 높아지는 것은 자기를 방어하려는 본능적 행동이다. 높은 목소리는 경고, 협박, 으름장 등의 의미를 갖는다. 그런데 목소리를 높인 당신은 자기 방어를 위한 것이지만 듣는 사람은 위협받은 기분이 든다. 위협을 받으면 생존 본능에 의해 목소리를 높인 사람을 피하게 된다. 그래서 대화가 막힌다.

상대방이 당신의 말을 잘 듣게 하려면 감정을 조절할 줄 알아야 한다. 실적 나쁜 부하 직원에게, 힘든 일은 요리조리 빠져나가고 공 세울 일만 하는 얌체 같은 후배에게, 당신이 아끼는 옷을 몰래 훔쳐 입는 동생에게, 숙제는 안 하고 컴퓨터 게임만 하는 자식에게 항상 목소리를 높이면 상대방은 더 이상 당신의 말을 받아들이지 않고 못 들은 척 할 것이다.

그러면 당신의 높은 목소리는 내용을 전하는 것이 아니라 '화가 났다' 라는 감정만 전하게 된다. 목소리를 높이면 메시지는 삭제되고 감정만 남는 것이다. 하지만 갑자기 목소리를 낮추면 듣는 사람이 긴장한다. "도대체 무슨 일이지?" 궁금해서 자신도 모르게 귀를 쫑긋 세우게 된다. 그리고 지금까지 당신이 목이 쉬도록 외쳐왔지만 고쳐지지 않던 일들이 쉽게 해결될 것이다.

27

명령어는 유치원 아이들도 싫어한다

"해라" "하지 말라" "가라" "오라"와 같은 명령어는 군대나 사냥터에서 급박한 상황에 대처하기 위해 사용하던 말이다. 위기 상황에서는 말의 뉘앙스를 생략하고 의미만 전달해야 메시지 전달 시간을 줄일 수 있어 명령어 사용이 효율적이다.

그러나 그 이외의 상황에서는 좀 다르다. 말은 단 하나의 의미로 주고받지 않기 때문이다. 말이 갖는 뉘앙스도 함께 주고받는다. 기분이 나빠서 '괜찮다'고 말하는 건지, 정말 괜찮아서 '괜찮다'고 말하는지, 그만두라는 뜻으로 '됐다'고 말하는지, 그 정도면 충분하다는 의미로 '됐다'고 말하는지 단어 자체로는 구분할 수 없는 경우가 많다. 뉘앙스를 파악해야 의미

를 이해할 수 있다.

또 명령어는 급박한 상황에서 사용하는 것이어서 차갑고 건조하고 위압적이다. 그 때문에 서열이 분명하거나 일사분란하게 움직여야 하는 직장, 군대 같은 조직 이외의 곳에서는 사용하지 않는 것이 좋다. 직장에서도 가급적 덜 쓰도록 노력하는 것이 좋다. 요즘의 직장 사회는 위압감보다는 부드러운 카리스마를 필요로 하기 때문이다.

인터넷의 발달은 언어 환경에도 큰 영향을 미쳤다. 나이, 직위, 국적, 성별을 구분하지 않고 평등하게 대화할 수 있는 장을 만들었다. 인터넷 문화의 확산으로 유치원 아이들까지도 명령어로 말하면 거부감을 갖게 되었다.

그러므로 명령할 일이 있으면 명령어 대신 청유형 서술어를 사용해 보라. 명령받았다는 기분이 아니라 부탁받았다는 기분이 들어야 기꺼이 그 일을 할 것이다.

유치원생 자녀에게 "당장 이리 와. 안 와?"라고 말하면 아이는 말을 더 안 듣는다. 그런데 화를 내더라도 "이리 좀 와줄래?"라고 말하면 알았다면서 흔쾌히 다가온다. 아이에게 "책상 좀 치워라."라는 명령어 대신 "책상 좀 치워줄래?"라고 말하고, 연인에게 "이따가 전화해."라고 말하는 대신 "이따가 전화해 줄 거지?"라고 말하고, 부하 직원에게 "○○에 관한 서류 좀 가져오세요."라고 말하는 대신 "○○에 관한 서류 좀 가져다줄래요?"라고 말하면 상대방은 기꺼이 그 일을 할 것이다.

28

윗사람이 솔선수범하면
아랫사람은 알아서 움직인다

"요즘 아이들은 어른 말을 너무 안 듣는다."고 말하는 사람들이 많다. 중장년층만 그런 말을 하는 것이 아니다. 20대는 10대가 말을 안 듣는다 하고, 10대는 그들보다 어린 아이들이 말을 안 듣는다고 투덜댄다.

그런데 아랫사람들이 윗사람 말을 안 듣는 것은 우리나라만의 문제가 아니다. 전 세계 모든 사람들이 자기보다 어리거나 직위가 낮은 사람들 때문에 머리가 아프다고 이야기한다. 이는 첨단기술의 발전 덕분(?)이다. 생각해 보자. 예부터 어른이 대접받고, 아랫사람들이 어른 말을 무조건 받들었던 이유는 윗사람이 아랫사람보다 고급 정보를 많이 가졌기 때문이었다. "그

리로 가면 독뱀이 우글거린다. 다른 길로 가라."라거나 "공부 못하면 평생 고생한다." "그런 식으로 일하면 일정에 맞출 수 없다."와 같은 윗사람들의 조언은 오랜 경험과 노하우에서 나온 것으로 대개 맞아떨어졌다. 그래서 아랫사람들은 윗사람의 말을 듣는 것이 이익이라고 믿었다.

사실 외모, 육체적인 힘, 순발력 등은 나이가 들수록 떨어져 젊은 사람들과 경쟁하기는 어렵다. 그래서 윗사람들은 경험을 통한 고급 정보를 가지고 아랫사람들을 리드해 왔다. 그런데 인터넷이 발달하고 시대 변화가 빨라지면서 젊은이들이 고급 정보를 더 빠르고 정확하게 입수할 수 있게 되었다. 더 이상 지식이 권위가 되지 못하는 것이다.

그렇다면 윗사람의 권위를 회복할 수 있는 방법은 무엇일까? 바로 솔선수범하는 자세다. 직원들의 지각을 바로잡으려면 그들보다 일찍 출근하는 모범을 보여야 하고, 자녀의 독서 습관을 기르려면 당신이 먼저 책을 읽어야 한다. 후배나 부하 직원, 자식은 더 이상 어른들의 말만 듣고 마음을 움직이지 않기 때문이다.

29

사과에도 타이밍이 있다

"사과만 했어도 용서했을 거야."

어디서 많이 들어본 말 아닌가? 살면서 실수하지 않는 사람은 없다. 그래서 실수 자체만 가지고 화내는 사람은 드물다. 다만 실수가 고의일 경우 화가 나고 용서도 잘 안 된다. 또 실수라는 것을 뻔히 알고도 사과하지 않으면 실수가 고의로 변할 수 있다.

의료 사고를 낸 의사가 자기 권위만 지키려고 환자 가족에게 잘못을 사과하지 않으면 그들은 거리로 내몰려도 소송까지 간다. 일하다 사고를 당한 직원을 내치고도 사장이 사과하지 않으면 직원들은 사회적인 문제로 부각될 때까지 투쟁한다. 문제가 커진 후 부랴부랴 사과해도 소용이 없다.

　나의 지인이 서울 강남의 대로변에서 식당을 운영했다. 식당 앞에는 서너 대의 차를 주차할 수 있는 공간이 있었다. 그런데 그 주차장에 상습적으로 차를 세우고 주변에서 볼일을 보는 사람이 있었다. 그는 무단으로 남의 식당 앞에 주차를 하면서 비상 연락처도 남기지 않았다. 그 차 때문에 주차를 못해 손님이 그냥 돌아가는 일도 생겼다. 식당 주인은 한참 동안 그 사람이 나타나기를 기다렸다가 "아니 차를 세우려면 연락처라도 남겨야지 너무하네요."라고 말했다. 하지만 그 남자는 미안하다고 사과를 하기는커녕 "×발"이라고 투덜대며 급히 차를 몰고 달아났다.

　며칠 후 그 남자가 다시 식당 앞에 차를 세우려다 식당 종업원에게 들켰다. 종업원은 여기에 주차를 하면 타이어를 펑크낼 것이라고 으름장을 놓았다. 남자는 옆 가게에 급히 납품할 물건이 있으니 잠깐만 봐달라고 사정했지만 종업원은 사장님이 너무 화가 나서 허락할 수 없다고 말했다. 남자는 주차가 불가능하다는 것을 깨닫고 차를 돌려 뒷골목을 빙빙 돌다가 유료 주차장을 찾아 주차했다. 유료 주차장에서 거래처까지의 거리가 너무 멀어 무거운 짐을 들고 한참을 걸어야 했다.

사과는 상대방의 화가 마음에 저장되지 않았을 때 즉각 해야 효과가 있다. 타이밍을 놓쳐 뒤늦게 사과하면 덩어리가 커진 화를 녹여내기 힘들어 하나마나 한 것이 된다. 체면과 직위, 입장 때문에 입이 안 떨어져 사과를 미루었거나, 상대방이 친한 사람이라 나중에 해야지 생각하고 사과를 미룬다면 그의 화는 부풀고 딱딱해져 수습할 수 없는 지경에 이른다.

30

들으면서 딴 짓 하면
듣지 않는 것만 못하다

들으면서 딴 짓하는 사람과는 말하기가 싫은 법이다. 딴 짓, 그 자체가 내 말을 무시한다는 표현 아닌가. 아무리 가족이라도 부모가 이야기하는데 자식이 보란 듯이 친구에게 휴대전화 문자 메시지를 보내고 있으면 정말로 화가 난다. 아이는 다 듣고 있다고 말하지만 태도 자체가 '엄마 말을 무시한다' 혹은 '엄마 말은 듣기 싫다' 라는 의미로 전해진다.

대화란 말의 내용만 주고받는 것이 아니다. 사람의 표정, 눈의 움직임, 목소리의 떨림, 손의 움직임 같은 제스처들이 말과 어울려 대화를 이루는 것이다. 그러므로 단지 말하는 소리만 듣고는 완벽한 대화가 이루어졌다고 할 수 없다.

대화 중에 누군가에게 끊임없이 휴대전화 문자 메시지를 보내고, 지나가는 사람들을 일일이 아는 체 하는 행동은 유쾌한 대화를 만들어내지 못한다. 부득이 대화를 끊어야 할 때는 양해부터 구해야 한다.

31

외국어는 얼굴 두께도 실력이다

외국어는 틀리건 맞건 신경 쓰지 말고 무조건 다가가 연습한 만큼 는다. 우리나라 사람들은 영어 공부에 정말로 많은 돈을 쓴다. 일 년에 4조 원이라는 천문학적인 돈이 영어 교육에 쓰인다고 한다. 그런데도 외국인만 보면 눈을 피하는 사람들이 많다.

다국적 기업의 아시아 책임자가 된 듀폰 아시아 태평양 김동수 회장은 한 인터뷰에서 한국 사람들은 영어 공부를 열심히 하고도 외국인이 참석하는 회의는 몹시 꺼린다며 안타까워했다. 외국인이 참석한 회의는 비싼 돈 내고 학원 가서 배우는 것보다 훨씬 효과적으로 영어 공부를 할 수 있는데도 그런 기회를 내다버린다는 것이다.

우리나라는 88올림픽 이후부터 민간인에게도 해외여행을 자유롭게 할 수 있는 상용 여권을 발급했다. 내가 다니던 회사도 장기 근속자에 한해 일 년에 일주일밖에 안 주던 휴가를 2주로 늘려주었다. 나는 그 기회를 놓치지 않고 초등학교 다니는 두 아들을 포함해 전 가족이 유럽 배낭여행을 다녀왔다. 여행 중에 스위스 인터라켄 역에서 혼자 배낭여행을 하던 40대 중반의 한국인 아주머니를 만났다.

그 아주머니는 생활고로 제때 공부를 할 수 없어 영어라고는 "예스", "노우", "헬로우" 정도밖에 못했다. 그런데도 한번도 여행에 지장을 받지 않았다고 한다. 물건을 사러 가서는 한 손으로 계산대에 있는 종이를 가리키고 다른 손으로 글씨 쓰는 흉내를 내면 가게 주인이 쓸 것을 가져다주었다. 사고 싶은 물건을 발견하면 가격표에서 반을 뚝 잘라 주인이 가져다준 종이에 적고 'OK?'라고 적었다고 한다. 가게 주인이 펄쩍 뛰며 X표를 그었다. 그런 식으로 몇 번 오가며 흥정을 하면 적절한 가격에 물건을 살 수 있었다고 한다. 여행하는 동안 눈치가 늘어 이제는 쉬운 영어는 제법 알아들을 수 있게 되었다고 좋아했다.

외국인과의 대화에서 가장 중요한 것은 뛰어난 영어 실력보다 어떻게 해서라도 자기 의사를 표현하는 열정이다. 말은 자꾸만 해보아야 는다. 못 알아들으면 다시 하면 된다. 틀려도 괜찮다는 배짱을 가져야 잘할 수 있다.

32

남의 나라 말이 서툰 것은 당연하다

　미국인들은 정말로 외국어를 못한다. 세계 어디든지 영어가 통해 여행이나 비즈니스에 지장을 받지 않아서다. 반면에 유럽 사람들은 외국어를 잘한다. 유럽 대륙은 작은 나라들이 다닥다닥 붙어 있어 언어가 안 통하면 여행도 직장생활도 불편하기 때문이다.

　이처럼 국가의 지리적·문화적 특성에 따라 외국어를 잘할 수도 있고, 못할 수도 있다. 그러므로 외국어를 두려워하는 것은 당신만의 문제가 아니다.

　지난해 겨울, 영국 관광회사 패키지 프로그램으로 이집트 관광을 다녀왔다. 여행객들은 모두 21명으로 영국인들이 3분의

2였고, 아일랜드, 호주, 미국, 캐나다 사람들 그리고 큰아들 내외를 포함한 우리 식구로 구성되었다. 큰아들 내외는 미국 영주권자라 문제가 안 되었고, 나만 영어를 잘하지 못했다. 하지만 40대에 미국 유학을 다녀온 경험이 있기에 큰 걱정을 하지 않았는데, 막상 여행을 떠나보니 미국인 이외의 영어는 악센트가 특이해 알아듣기가 어려웠다. 특히 영국 영어는 정말로 알아듣기가 힘들었다.

일행에게 내가 제대로 못 알아들어 다시 말해달라고 하면 "나는 한국어를 한 마디도 못한다. 네 영어는 정말로 뷰티플하다."고 격려해 주면서 다시 말해 주었다. 그들 말이 빈말인 줄 알면서도 나는 고무돼 실컷 떠들고, 그들이 묻기도 전에 한국 음식 등을 설명하느라 수다스러워졌다.

우리는 문법이나 발음, 문장 구성이 완벽해야 외국인과 대화할 수 있다고 생각하지만 외국인들은 남의 나라 말을 서툴게 하는 것을 당연하게 여긴다. 그러므로 외국인 앞에서도 "너도 한국말 못하지? 나도 그래. 내 영어가 알아듣기 힘들어도 이해해 줘. 이해가 안 되면 질문해도 좋아."라고 당당히 말하면 당신의 당당함에 매력을 느껴 열심히 당신 말을 알아들으려고 노력할 것이다.

33

화제가 많으면 대화가 풍성해진다

이집트 여행을 계획했을 때 일행 중 몇 사람은 한국인이 포함되어 있다는 이야기를 듣고 사전에 김치와 불고기, 갈비 만드는 법을 알아왔다. 그들이 "나도 김치 만드는 법을 안다."는 말을 하는 순간 우리는 금세 십년지기처럼 가까워졌다. 그의 말을 듣자 나도 모르게 신이 나 손짓 발짓 동원해서 김치 담그는 방법, 갈비와 불고기 양념 맛있게 만드는 방법 등을 설명했고, 그들은 내 말을 진지하게 들으며 받아 적기까지 했다. 그들이 정말로 그 음식을 해먹건 말건 우리의 대화는 그 때부터 풍성해졌다.

그에 비해 준비 없이 출발한 나는 막상 그들과 대화하려니 영국의 고유 음식이 무엇인지, 그들이 가장 즐겨 먹는 것이 무엇인지를 몰라 그들이 재미있어할 만한 이야기를 꺼낼 수가 없었다. 그런데 그들은 김치나 갈비 이야기가 아니더라도 이집트인들이 즐겨 먹는 에이슈(이집트에서 서민들이 즐겨먹는 누런색의 거친 밀가루 빵), 따메야(에이슈에 고기, 야채를 넣은 것), 필라포(완두콩을 으깨 만든 빵으로 만두처럼 고기나 야채를 넣고 겉을 튀겨 먹는 것), 케밥 등을 이야깃거리로 삼을 수 있는 자료도 챙겨왔다. 그들과 지내며 세상에는 이야깃거리가 얼마나 많은지 새삼 확인했다.

아이들도 일기를 안 써본 아이들은 매일 똑같은 하루인데 굳이 일기를 쓸 필요가 있느냐고 말한다. 처음 만난 사람과 말하는 것을 어색해 하는 사람은 "그 사람에 대해 아는 것이 없는데 무슨 말을 하느냐."고 말한다. 오래된 사람과도 할 말이 없다는 사람이 있는가 하면, 처음 본 사람하고도 십년지기처럼 유쾌하게 대화하는 사람도 많다. 대화를 위해 이야깃거리를 얼마나 많이 준비했는지에 따라 달라진다.

유쾌한 대화는 공짜로 할 수 있는 것이 아니다. 만약 여행을 떠나 세계 곳곳의 친구를 사귀고 싶다면 그들이 즐거워할 만한 이야깃거리부터 준비하라.

34

몸으로만 대화해도 통한다

실제 대화는 말보다 몸으로 하는 부분이 많다. 지구촌 곳곳 말이 안 통하는 나라로 여행을 떠나는 사람들이 적지 않지만 그들은 소통의 불편함을 느끼지 못한다. 대화는 말로만 하는 것이 아니기 때문이다. 대화는 말이 7%, 몸짓이 93%를 차지한다. 따라서 몸짓을 읽는 법만 터득하면 5대양 6대주 어느 곳에서나 꿀릴 것이 없다.

이집트 여행을 처음 해본 나는 깜짝 놀라는 상황을 맞았다. 놀랍게도 이집트는 전 세계 어디서나 통하는 아라비아 숫자를 사용하지 않았다. 나는 완전히 문맹 상태가 된 것이다. 기차를 타고 카이로로 가야 했는데, 내가 탈 기차를 찾을 수가 없었다.

그러나 궁하면 통한다고 역무원 차림의 남자를 골라 우리의 기차표를 내밀자 그가 우리를 6호실로 데려다주었다. 카이로에서도 손짓 발짓으로 택시를 잡아타고 예약된 호텔을 찾았다. 숫자도 읽을 수 없는 그곳에서 오로지 몸짓만을 이용해 밥도 굶지 않았다.

비슷한 경험을 헝가리에서도 해보았다. 1990년 막 공산주의 정권에서 해방된 헝가리의 수도 부다페스트에서는 영어를 할 줄 아는 사람을 만나기가 하늘의 별 따기만큼 어려웠다. 역에서 준 지도조차 읽을 수가 없었다. 그러나 나는 역 앞에서 헝가리인들을 붙들고 손짓 발짓으로 길을 물어 부다페스트에서 가장 번화한 거리로 지하철을 타고 이동해 예약이 취소된 방을 구할 수 있었다.

그에 반해 어느 정도 말이 통하는 관광객들은 오히려 쭈뼛거리다가 호텔을 놓쳐 길거리 잠을 자야 했다.

손짓 발짓을 적극 사용할 각오가 되어 있다면 언어가 통하지 않더라도 두려워할 필요가 없다.

35

주변 사람들을 깎아내리면
내 가치부터 하락한다

많은 사람들이 가족이 사소한 잘못을 저질러도 남들 앞에서 비난한다. 남들에게 욕먹는 것보다 내가 먼저 화를 내는 것이 낫다고 생각할 수 있지만, 듣는 가족의 마음은 그렇지 않다. 감싸주어야 할 가족이 화를 내면 오히려 섭섭해 한다.

부부 동반 모임에 배우자가 늦게 나타난 것이 함께 기다리던 사람들 보기에 미안해 당신이 먼저 불같이 화를 냈지만 배우자는 그렇게 받아들이지 않는다. 자식이 공공 장소에서 폐를 끼치는 것이 미안해 먼저 아이를 야단쳐 문제를 축소시키려는 의도였더라도 아이는 이해하지 못한다. 그저 아내가, 엄마가 다른 사람들 앞에서 자신에게 화를 냈다는 것만 기억한다.

당신이 먼저 가족의 잘잘못을 공개할 필요가 없다. 오히려 당신이 감싸주어야 한다. 그래야만 남들도 당신의 배우자 또는 자식을 함부로 대할 수 없다.

여행 중에 만난 외국인 캔은 가이드가 모이라는 시간보다 항상 늦게 약속 장소에 나타났다. 패키지 여행은 참가자들이 일사분란하게 시간을 지켜야 일정 차질을 막을 수 있다. 그런데도 캔은 여행 내내 시간을 어겨 일정이 조금씩 늘어지게 만들었다. 그는 이제 막 배운 사진 찍기에 빠져 한 장면이라도 더 찍으려는 욕심에 이동 시간을 조금씩 어기고 있었다.

그의 아내 패기는 항상 다른 사람들보다 먼저 약속 장소에 나타나 남편을 기다렸다. 하지만 "왜 또 늦었어? 모두들 기다리는데!"라는 책망을 하지 않고 그저 "잘 찍었어?"라고만 물었다. 그리고 시간이 되면 가이드에게 "다음 일정이 바쁘면 일행들과 먼저 가라. 내가 캔을 기다렸다가 바로 뒤쫓겠다."라고만 말했다. 패기가 조급해 하지도 않자 사람들은 캔이 조금씩 늦게 오는 것을 자연스럽게 받아들였고 나중에는 오히려 "사진은 잘 찍었느냐?"는 인사를 건네며 느긋하게 그를 기다려주었다.

우리는 배우자나 자식의 작은 허물을 남들 앞에서 먼저 책망하는 것이 도리라고 믿지만 결코 그렇지 않다. 오히려 사람들 앞에서는 그를 감싸 체면을 지켜주고, 잘잘못은 일 대 일로 지적해 고치는 것이 관계를 해치지 않는다.

36
타인의 약점은 잡지 말라

세종의 개혁정책에 사사건건 반대하던 조말생은 장사꾼인 김도련 일당을 포섭해 서울 장안에 불을 지른다. 세종의 여진족 포용정책을 막고, 민심을 후궁 효빈의 소생 경렬에게 몰아 만만한 왕을 다시 세우려는 것이 속셈이었다. 그러나 김도련 일당이 방화에서 군인들만 사용할 수 있는 화약 재료를 사용했다는 증거를 남기고 만다. 위기에 몰린 조말생은 김도련의 수하를 불러 이 일을 잘 무마하지 않으면 죽을 수 있다는 협박을 한다. 그러자 김도련 일당은 오히려 그 입을 막으려고 자객을 모아 조말생을 기습한다.

친구의 잘못을 목격했거나 동료의 알리고 싶지 않은 약점을

알고 나서 주위 사람들에게 이야기하면 곧 당신의 주변에는 그 누구도 남아 있지 않을 것이다. 다른 사람의 실수나 약점에 대한 대화는 흥미롭지만, 이야기를 나눈 사람들 역시 하나쯤 약점을 가진 사람들인지라 누군가의 약점을 이야기하고 다니는 당신을 더 이상 믿지 못하기 때문이다.

반면에 당신이 누군가의 크고 작은 약점을 눈감아주면 그는 당신의 넓고 관용적인 마음을 알아볼 것이다. 세계를 정복했던 알렉산더 대왕은 전쟁터를 누비던 중 뺨에 치명적인 흉을 남겼다. 알렉산더 대왕은 세계를 정복한 기념으로 자신의 모습을 길이 남길 만한 초상화로 그리고 싶었다. 그러나 대왕 체면에 뺨에 난 흉을 빼고 그리라는 명령을 내릴 수가 없었다. 하지만 센스 있는 화가는 대왕의 고민을 알아채고 손으로 흉이 난 뺨을 고이도록 해 흉을 일부러 빼지 않고도 흉 없는 초상화를 그렸다. 알렉산더 대왕은 그를 두고두고 아꼈다고 한다.

물론 약점 혹은 단점을 무조건 눈감아주는 것이 능사는 아니다. 하지만 사람을 대할 때 그가 가진 약점을 드러내는 것보다 장점을 부각시키는 것이 유쾌한 관계를 만들어낸다.

37

때로는 부탁이 대화를 여는 열쇠이다

부탁이 항상 부담스러운 것은 아니다. 부탁도 잘만 하면 대화의 윤활유가 된다. 모든 사람에게는 드러내 자랑하고 싶은 것이 한 가지쯤은 있기 마련이다. 그런데 차마 나서서 자랑하기는 민망하다. 그럴 때 자랑할 기회를 만들어줄 수 있는 부탁을 해보라. 춤 실력을 갈고닦은 사람에게 공개적인 장소에서 춤을 청하면 그 사람은 기뻐할 것이다. 패션 감각이 뛰어난 사람에게 옷차림에 대한 조언을 구하면 몹시 즐거워할 것이다. 스스로 드러내기는 어렵지만 자랑하고 싶은 일을 부탁하면, 그 사람과의 대화가 저절로 풀린다.

여행 중 만난 영국 요크셔 지방 시골 대학 교수인 카렌은 일

생 동안 단 한 번도 시장에서 물건 값을 깎아본 적이 없다고 했다. 현지에서 싼 값에 귀한 물건을 사는 것도 여행의 재미인데, 물건 사기가 어려워 속상하다고 말했다. 나는 대신 물건 값을 깎아줄 테니 사고 싶은 것이 있으면 나에게 말하라고 했다. 그녀는 결혼한 아들에게 줄 히비스커스(차로 달여 먹으면 열을 내려주는 붉은색 열대식물의 말린 꽃)를 사고 싶다고 했다. 나는 500g 1봉지에 25파운드(이집트 파운드)라는 것을 깎아 5파운드에 사게 해주었다. 카렌은 크게 감동해서 나에게 여러 번 고맙다고 하더니 식사 때마다 내 옆에 앉아 물건 값 깎는 요령을 가르쳐달라고 부탁했다.

나는 신이 나서 설명했다. 처음에는 가게 주인이 황당할 만큼 가격을 확 깎아라, 절대로 안 된다고 하면 조금 올려주고, 그래도 안 된다고 하면 안 산다고 튕겨라 등등 내가 예전 동대문시장과 남대문시장에서 쓰던 방법들을 알려주었다. 그녀는 차츰 흥정의 묘미를 깨닫는 듯했다. 우리는 그 일로 단짝이 돼 쇼핑도 같이 다니고 식사 때도 붙어 다녔다.

사람은 자신이 잘하는 일을 부탁받으면 마음이 열린다. 그러면 대화가 저절로 즐거워진다. 동료의 숨겨진 노래 실력을 알고 있다면 다음 회식에서 그에게 노래를 청해라. 재테크를 잘하는 동료를 추켜세우며 노하우를 알려달라고 부탁해라. 살림 잘하는 시어머니에게 살림 노하우를 묻고, 낚시 잘하는 장인에게 데려가 달라고 떼를 써라. 어색했던 그들과의 대화가 생기 있게 살아날 것이다.

38

결과를 짐작하지 말고
용기 있게 시도하라

사람은 누구나 거절당하는 것을 두려워한다. 그래서 거절당할 가능성이 조금이라도 보이면 지레 포기한다. 그러나 미리포기하지 말고 일단 시도해 보면 당신이 원하는 것을 얻을 가능성이 높아진다.

공연장에서 좋은 위치에 빈자리를 발견하면 '설마 이런 좋은 자리를 그냥 비워두었겠어.'라고 짐작하지 말고 "여기 앉아도 되나요?"라고 물어보라. 임자 없는 자리일 가능성이 높다. 원하는 회사에 취업하고 싶으면 '나처럼 스펙이 모자라는사람에게 이런 회사가 일자리를 줄 리 없어.'라고 예단하지 말고 당당히 그 회사의 인사팀에 연락해 "나는 이러이러한 사람인데 일자리를 주실 수 있나요?"라고 물어보라. 취업할 수 있는 가능성이 50% 이상 높아질 것이다. 묻지 않으면 영원히 기회가 없지만, 물으면 거절당할 확률은 반이 된다.

대화의 목적은 자신이 원하는 것을 얻는 것이다. 췌장암으로 시한부 인생을 선고받은 한 교수의 마지막 강의를 담은 동영상이 전 세계에 퍼지면서 천만이 넘는 사람들을 눈물짓게 만들어 유명해진 카네기멜론대학교의 랜디 포시 교수는, 그 유명한 마지막 강의에서 죽기 전에 부모님을 모시고 마지막으로 디즈니랜드에 놀러갔던 일을 이야기했다.

아버지는 디즈니랜드의 모노레일 운전석 옆자리에 앉고 싶어 하셨다. 그러나 "그런 데는 아무나 타는 것이 아니다."라고 짐작해 감히 엄두를 못 내셨다. 그러나 랜디 포시 교수는 모노레일 기관사에게 다가가 "실례합니다. 우리 세 식구가 앉을 수 있는 앞자리를 부탁드려도 될까요?"라고 물었다. 그러자 기관사는 "물론이지요."라고 대답했다.

그는 대학 재학 중에도 컴퓨터 과학 분야의 거장에게 전화해 "나는 이러이러한 학생인데 나를 만나줄 수 있습니까?"라고 물었다. 거장은 흔쾌히 승낙했다. 그렇게 그를 만나 인생의 멘토로 삼을 수 있었다고 한다.

요구하면 해결될 수 있는 일을 결과가 좋지 않을 것이라고 미리 결론 지어 기회를 놓친 경험이 한두 번씩은 있을 것이다. 까다로운 직장 상사에게 사적인 사정을 봐달라고 부탁하면 비웃기나 할 것 같아도 단념하지 말고 부딪쳐라. 쉽게 들어줄 수 있다. 당신이 안 될 것 같아 포기했던 일들이 있다면 이제부터는 용감하게 다가가 시도하라.

39

충고는 고맙게 받아들여라

충고의 사전적 의미는 '남의 결함이나 잘못을 진심으로 타이르는 말'이다. 그런데 우리는 이로운 말도 귀에 거슬리면 거부하는 속성이 있어 충고를 잘 받아들이지 못한다. 그래서 윗사람의 진심어린 충고가 잔소리로, 나를 괴롭히려는 심술 정도로만 여겨지기도 한다. 또 친구의 충고는 시기어린 질투로 받아들인다.

할리우드의 명배우 알 파치노는 오랫동안 가난하고 힘든 무명시절을 보냈다. 그런데 알코올 중독자로 전락하기 직전 같이 연극하던 친구 찰리의 뼈아픈 충고가 그를 대스타로 이끌었다. 그가 술로 세월을 보내던 어느 날 찰리는 "넌 지금 술잔을 입으로 가져가고 있어. 술을 입 안으로 흘려보내며 의자에 앉아 몸을 흔들어대고 있다고. 너는 지금 숨만 쉬고 있는 게 아니야. 어떤 행동을 하고 있어. 그런데 왜 생각 없이 행동하지? 정신 차려, 이 친구야!"라는 뼈아픈 충고를 했다.

알 파치노는 친구의 충고를 흘려듣지 않았다. 그날 이후 그는 술 딱 끊고 연습에 몰두했다. 그것이 오늘의 알 파치노를 만들었다.

충고는 당신의 단점을 극복하고 장점으로 발전시키는 자양분이 된다. 당신은 지금보다 훨씬 나은 사람이 될 수 있다. 상사의 가혹하고 혹독한 지시와 꾸지람에 화가 난다면, 윗사람이 당신을 아끼는 마음에 더 닦달한다고 생각을 바꿔보라. 그러면 상사의 충고와 꾸지람을 고맙게 받아들일 수 있을 것이다. 그것만으로도 충고한 사람과 마음의 교감이 생겨, 그와의 유쾌한 관계를 통해 당신을 부쩍 성장시킬 수 있을 것이다.

40

험담은 반드시 돌아온다

말은 입을 떠나는 순간 공기 중에 흡수되어 사라져버리는 것이 아니다. 듣는 사람 머리에 남고, 말하는 사람의 머릿속에는 더 깊이 남는다. 때로는 제삼자의 입을 통해 재생산되어 확산되기도 한다. 이처럼 말은 생물처럼 진화하고 복제되고 번식한다. 그 무서운 힘 때문에 말은 가려서 해야 한다.

한 취업 지원자가 면접까지 통과해 합숙에 들어갔다. 같은 업종에 여러 번 입사 시험을 봐온 터라 눈에 익은 사람들도 있었다. 그날의 교육 프로그램이 끝나고 자유시간이 주어졌을 때 여자 지원자 두 명이 사람들과 누군가의 흉을 보기 시작했다. 들어보니 자신의 남자친구 이야기였다. 그녀의 남자친구는 같

은 업종에서 이미 근무 중이었다. 두 여자는 전에 지원했던 회사에서 그녀의 남자친구와 같은 스터디 그룹에 있었던 모양이었다. 그녀는 처음에는 아는 척하기가 민망해 듣고만 있었다. 그런데 점점 그녀도 잘 아는 내용들이 매우 왜곡되어 이야기되는 것에 참을 수가 없었다. 그래서 사실을 바로잡기 위해 그 남자가 자신의 남자친구라고 밝혔다. 순간 이야기를 듣던 다른 지원자들이 두 여자를 이상한 눈빛으로 보며 분위기가 싸늘해졌다고 한다.

흔히 "○○지방 사람들은 상종할 수 없어."라며 지방색을 드러내는 대화가 자주 있다. 그 때 무리 가운데 그 지방 사람이 없으리라는 보장이 없다. 당신만의 신념이나 가치관을 기준으로 그에 반하는 사람들을 비난하고 폄하하고 사실을 왜곡하면 난처한 상황에 놓일 수 있다. 물론 겉으로는 대수롭지 않게 반응하더라도 그런 말을 듣고 기분 좋은 사람은 없다.

험담은 칭찬의 말보다 몇 배 빠른 속도로 퍼진다. 그리고 반드시 험담의 대상에게 전달된다. 또 남이 한 험담을 옮기는 것도 자기 몸에 상처를 내는 것과 같다.

41

까다로운 사람도
마음의 친구를 필요로 한다

사람은 대표적인 사회적 동물이다. 그래서 주위에 자신의 말
을 들어줄 사람이 없으면 능력 있고, 가진 것 많고, 외모 빼어
나고, 아쉬울 것이 조금도 없어도 고독하다. 까다롭고 사람을
싫어하는 것처럼 보여지는 사람도 대화 상대가 없으면 속으로
는 고독을 견디는 고통을 맛본다.

까다로운 사람에게 대화 상대가 없는 이유는, 그들은 마음을
열지 않고 대화 상대가 다가오는 것을 막기 때문이다. 까다로
운 사람은 까다롭게 구는 것이 자기답다고 믿는다. 그래서 속
으로는 그러지 말아야지 생각하면서도 겉으로는 다가오는 사
람을 밀어낸다. 하지만 완벽해 보이는 사람도 항상 만족스러

운 것이 아니고, 변화를 즐기는 사람도 때로는 변화가 두려운 법이다. 그들은 스트레스도 남보다 더 많이 느낀다. 그럴 때 재미있는 이야기, 마음이 풀어지는 이야기를 들으면 마음이 열린다.

지금 말 붙이기 어려운 상사 때문에 직장생활에 재미를 못 붙인다면, 까다로운 직장 선배와 대화조차 할 수 없어 불편하다면, '저 사람은 나하고 대화할 사람이 아니야.' 라는 생각을 지우고 당신이 먼저 다가가 말을 붙여보라. 처음에는 들은 척도 안 할 수 있다. 그러나 그의 행동은 몸에 밴 습관이라고 여겨라. 귀찮아할 정도가 아니라면 계속 말을 걸어라.

호두나 밤 같은 견과류는 겉껍질은 두껍고 단단하지만 일단 겉껍질을 통과해 안으로 들어가면 맛있고 영양가도 풍부한 알맹이가 나온다. 까다로운 사람도 마음을 열기까지는 단단하고 딱딱한 껍질을 통과해야 한다. 그들은 자신의 여린 부분을 한 번도 공개해 본 적이 없어 두려움을 갖고 있을 뿐이다. 하지만 한 번 공개하면 부드러운 속마음이 드러난다.

그렇게 되면 당신은 까다롭지만 유능한 상사의 경험과 노하우, 고급 정보 등을 쉽게 공유할 수 있게 된다. 포기하지 말고 마음의 문을 두드려라.

42

말하기도 연습이 필요하다

주먹깨나 쓴다고 해서 다 뛰어난 권투선수가 되는 것은 아니다. 주먹의 각도와 근육 사용법, 팔다리의 움직임 등을 과학적으로 배워야 훌륭한 선수가 된다. 물장구 잘 친다고 해서 누구나 수영선수가 되는 것도 아니다. 효율적으로 팔을 뻗는 법, 호흡하는 법을 배워야 훌륭한 선수가 된다.

말하기도 마찬가지다. 타고난 말솜씨만으로 프로가 될 수 없다. 서양 사람들은 약 3천 년 전부터 과학적이고 체계적인 말하기를 배워왔다. 기원전 그리스의 석학 아리스토텔레스가 정리한 《수사학》이 교본이었다.

이 책은 로마를 거쳐 전 유럽 전역에 퍼졌고, 미국과 일본을

거쳐 우리나라에 들어왔다. 그러는 동안 말하는 법의 근간은 사라지고 문법만 강조되어버렸다. 그러다 보니 우리는 말하기도 배워야 한다는 사실을 모른 채 그저 부모 등 뒤에서, 스승 눈앞에서, 다른 사람들의 어깨 너머로 익힌 말하기로 평생을 살아왔다. 그 덕분에 말하기의 프로를 자처하는 사람들까지 아마추어 수준을 넘지 못하고 있다.

최근에는 꼭 비즈니스 현장이 아니더라도 프레젠테이션의 비중이 높아지고 있다. 하다못해 노점상도 상품에 대해 얼마나 설명을 잘하느냐에 따라 매상이 천차만별이다. 그러다 보니 때에 맞는 적당한 말하기를 배우지 못한 사람에게 프레젠테이션은 큰 부담으로 다가온다. 말하기만 제대로 배워도 그런 고통은 반 이하로 줄일 수 있을 텐데.

말하기는 어휘 선택, 문장의 구성, 문장의 앞뒤 배열, 전달할 때의 목소리, 태도, 표정 등을 모두 익혀야 제대로 할 수 있다. 그리고 무엇보다 중요한 것은 그런 것을 배워야 한다는 마음가짐이다.

"나는 타고난 말재주꾼이야."라고 믿는 사람이건, "나는 남 앞에서 말하기가 겁나."라고 생각하는 사람이건 간에 말하기를 잘하고 싶다면 제대로 배워야 한다. 타고난 말솜씨를 믿다

보면 듣는 사람은 고려하지 않고 자기 말만 해 미움 사기 쉽고, 말하기가 겁난다고 피하면 말을 잘할 수 있는 소질을 가지고도 고립될 수 있다.

요즘에는 말하기를 배워야 한다는 마음만 먹으면 수많은 책과 교육 기회를 찾을 수 있다. 당신이 프로답게 말하고 언제 어디서나 유쾌한 대화를 이끌고 싶다면 제대로 배워서 말하라.

43

프레젠테이션은 나만 떠는 것이 아니다

친한 사람들과는 대화를 잘하는 사람도 여러 사람 앞에서 발표를 하려면 떨린다고 하소연한다. 떨려서 연습한 대로 못했다고 자책하거나 발표 전에 떨지 않는 방법을 알려달라는 사람도 많다. 그러나 뾰쪽한 방법은 없다. 연습밖에는.

멀미도 차를 자주 타면 익숙해지듯이, 말하기도 자주 해보면 익숙해져서 울렁증이 없어진다. 특히 프레젠테이션은 연습하지 않으면 누구나 떨린다. 당신만 떠는 것이 아니다. 그래서 처음 단상에 선 사람이 너무 떨지 않고 노련하게 말하면 단상에서 떨어본 경험이 있는 청중들은 배신감마저 느낀다. 그러니 발표 전에 떨리는 것에 너무 연연해 말라.

미국에서 공부할 때 교수님은 학생들이 프레젠테이션을 걱정하면 "발표하러 단상에 올라가면 잠시 호흡을 가다듬으며 청중들의 벗은 모습을 상상해 보라. 옷을 벗으면 인간은 다 똑같다. 그것만 상상해도 청중이 하나도 두렵지 않다."라고 격려해 주시곤 했다.

지금까지 당신이 발표를 두려워해 왔다면 남들도 다 떨고 있다는 사실을 기억해라. 마음이 한결 편해질 것이다. 공적인 대화건 사적인 대화건 긴장하지 않고 마음이 편안해야 잘할 수 있는 법이다.

44

준비 없는 말하기는 상처를 준다

가끔 무의식 속에 저장되어 있던 생각들이 불쑥 뛰쳐나올 때가 있다. 할 말을 제대로 준비하지 않으면 숨겨야 할 생각이 불쑥 튀어나온다. 숨겨야 할 생각이 부적절한 때에 튀어나오면 꼭 문제를 일으킨다.

사회생활은 가치관, 사고방식, 삶의 지향점이 다른 사람들이 조화를 이루며 살아가는 것이다. 그 때문에 때로는 자기 생각을 감춰야 할 때도 있다.

단 한 번 언행의 실수가 엄청난 결과를 낳는 경우가 많은 게 정치이다. 여야 혹은 신구 세력의 대립이 치열할수록 그 결과는 더 치명적이다. 청와대 홍보 비서관이었던 추부길 씨도 준비되지 않은 말로 구설수에 올랐다가 곧 하차했다. 그는 한 조찬 기도회에서 "정부가 과장과 거짓으로 무장한 세력에 의해 커다란 위기를 맞고 있다. 사탄의 무리들이 이 땅에 판을 치지 못하도록 함께 기도해 주시기를 감히 부탁드린다."는 말로 축사를 마무리지었다. 그는 통상적인 기도문이었다고 답변했지만 사람들은 믿지 않았다.

한 번 내뱉은 말은 사라지지 않는 법. 준비되지 않은 말을 해 문제를 일으키는 것은 비단 정치인들만의 문제가 아니다. 당신 역시 별 생각 없이 말했지만 듣는 사람을 분노케 하는 말을 했을 수 있다. 또 답변이 궁해지는 상황에 몰리면서 실언을 하기도 한다. 그 말이 비난만 받고 그칠 정도라면 다행이지만, 소속 정당의 운명을 바꾸고, 직장을 옮겨야 하거나 가족과의 사이를 멀어지게 하는 말이었다면 당신의 인생에 치명타를 입혔을 것이다.

유쾌한 대화는 상대방에게 작은 상처라도 주지 않아야 한다. 당신이 깨닫지 못하는 사이에 얼마나 많은 말들이 상처를 주고 있는지 새삼 돌아보아야 할 것이다.

45

승자처럼 말하라

《탈무드》에 "승자가 즐겨 쓰는 말은 '다시 한 번 해보자' 이고, 패자가 즐겨 쓰는 말은 '해봐야 별 수 없다' 이다." 라는 말이 있다. 승자의 말하기와 패자의 말하기는 다르다. 말은 뇌의 활동을 관장하고, 말의 내용에 맞추어 뇌 속 정보를 가공한다. 그래서 승자처럼 말하면 승자의 마인드가 굳어지고, 패자처럼 말하면 패자의 마인드가 굳어진다.

승자는 "~한 것 같아요"와 같은 무책임한 말을 사용하지 않는다. 이 말은 자기 확신이 없고, 분명한 결론이 난 후에도 빠져나갈 수 있는 여지가 보여 책임을 지지 않겠다는 의지로 들린다. 승자는 자기가 결정한 일은 책임질 각오로 반드시 "~합니다" "~하지 않습니다"라고 말한다. 또한 "안 됩니다" "못 합니다"라는 말도 가급적 하지 않는다. 대신 "해보겠습니다" "최선을 다하겠습니다"라고 말한다. 그래서 승자는 현재의 처지가 어렵고 비참해도 "나는 할리우드 최고의 배우가 될 거예요." "세계적인 석학이 될 겁니다."라고 당당히 말한다. 반면 패자는 형편을 앞세워 "세상이 워낙 어려워서 취직이나 잘 될지 모르지요……."라고 말한다.

배우 출신 미국 캘리포니아 주지사 아놀드 슈왈제네거는 오스트리아에서 이민 와 미국식 영어에 서툴렀다. 그래서 이민 초기에는 웨이트 트레이너로 일했다. 그러나 그는 가난한 웨이트 트레이너 시절부터 "나는 할리우드 최고의 배우가 되겠다!"고 큰소리를 쳤다. 주변에서는 그를 비웃었다. 하지만 그는 일관되게 자신의 꿈을 이야기했고 결국 할리우드 최고의 흥행 보증수표가 되었다.

배우가 된 후에는 케네디 가의 여인과 결혼하겠다고 다시 한 번 큰소리치더니 마침내 케네디 가의 여인인 마리아 슈라이버와 결혼했다. 배우로 성공하자 이번에는 정치가로 성공하겠다는 목표도 이야기했다. 그리고 그는 캘리포니아 주지사가 되었다.

할리우드의 거목인 스티븐 스필버그 감독도 고등학생 시절부터 세계 최고의 영화감독이 되겠다고 큰소리쳤고, 꿈을 이루었다. 철강왕이었던 카네기는 세계를 움직일 만한 부자가 되겠다고 장담했고 역시 그렇게 되었다.

잘난 척 하는 것과 승자처럼 말하는 것은 다르다. 승자처럼 말하는 것은 자신의 목표를 실현시키기 위해 최선을 다하겠다는 다짐과 같다. 당신이 매사에 즐겨 쓰는 말은 무엇인가? 자신과 사람들에게 희망과 가능성을 전달하는 말을 하자.

46

원하는 것을 알아야 진정한 대화가 된다

말 잘하는 사람들이 빠지기 쉬운 오류는 '나는 말을 잘하니까 내가 말하면 무조건 잘 알아듣겠지?' 라는 착각이다. 그런데 아무리 말을 잘해도 듣는 사람이 듣기 싫어하는 말, 알아들을 수 없는 말, 흥미가 없는 말은 귀에 잘 안 들어오는 법이다.

듣는 사람이 들어주지 않으면 대화로서의 가치가 없다. 유쾌한 대화에 성공하려면 달변가이건 눌변가이건 듣는 사람이 듣고 싶어 하는 말을 골라서 하는 노력이 필요하다. 따라서 상대방에 대한 정보가 많을수록 유쾌한 대화가 쉬워진다.

당신이 판매원으로서 상품을 많이 팔아야 실적이 난다면 가장 먼저 누구에게 팔 것인가를 생각해야 한다. 그리고 그 고객

층이 어떤 사람들인지에 대한 조사가 필요하다. 고객에 대한 정보가 많아야 말을 건네기가 쉽기 때문이다. 당신이 자기 말만 하고 고객의 이야기를 듣지 않는다면 고객의 요구가 무엇인지 파악할 수 없어 겉도는 이야기만 하게 될 것이다. 결론적으로 당신은 실적을 올릴 수 없다.

미술 치료 학원 원장인 한 후배는 공부도 많이 했고 교습법도 좋은데 학생이 모이지 않아 학원 운영에 많은 어려움을 겪었다. 그런데 자신보다 학력도 낮고 교습법도 그저 그런 학원 하나가 번창하고 있다는 소식을 들었다. 그녀는 답답해서 그 학원을 방문해 성공 비결을 알아보기로 했다. 살펴본 결과 그 학원의 원장은 자신과 달리 학부모 면담에서 질문을 많이 한다는 것을 깨달았다. 대개 "학원에 바라는 것이 무엇이냐?" "어떤 학원이 바람직한 것 같으냐?" "아이가 여기서 뭘 배웠으면 좋겠느냐?" 등으로 원장 자신의 경력을 밝히거나 학원의 시설을 설명하는 등의 홍보는 전혀 없었다. 오히려 자기 이야기는 학부모가 물으면 간단히 설명하는 정도로 그쳤다. 그 결과 원장은 학부모가 학원에 바라는 것이 무엇이고, 아이들을 어떻게 가르쳐주어야 만족할 것인지에 대한 정보를 충분히 수집할 수 있었다.

나를 알고 적을 알면 '백전백승'이라고 했다. 자신의 문제
가 무엇인지 돌아보고, 충분한 질문을 통해 그를 알아야 유쾌
한 관계를 만들어낼 수 있다.

47
도움과 참견을 구분하라

아는 것이 많은 사람은 자신이 아는 것을 드러내고 싶어 한다. 그리고 남들은 모르는데 나는 알고 있는 것은 당연히 가르쳐주어야 한다고 믿는다. 그러나 그것을 사람들이 항상 고마워하는 것은 아니다. 오히려 무시당하는 느낌이 들어 거부할 확률이 높다.

얼마 전까지만 해도 나이듦은 존경의 대상이었다. 그래서 어른들의 말씀에 말대꾸를 하거나 토를 다는 것은 예의가 아니라고 여겼다. 어쩌다 어린 사람이 틀렸다고 바로잡으려들면 무조건 말참견으로 여기지 "모르는 것을 알게 해주어서 고맙다."고 생각하는 사람은 거의 없다. 나이 든 사람은 옳고 그름보다 존중받는 것을 더 중요시하기 때문이다. 그런데 불행히도 젊고 팔팔할 때는 자신이 알고 있는 것을 가르쳐주고 싶은 욕망이 더 크다. 그리고 잘못된 것은 바로잡아야 한다고 생각한다. 그래서 종종 어른들과 부딪히는 일이 생긴다.

상대방이 요구하지 않는 한, 그가 틀렸고 당신이 맞더라도 끼어들지 말라. 그가 답을 구하거나 도움을 청할 때는 돕는 것이 되지만, 요구하지 않았는데도 끼어들어 잘못을 지적하면 말참견이 된다. 그렇게 되면 사람들과 원만한 관계도 만들 수 없어 조언이나 도움을 구하기가 쉽지 않다.

48

회사 이메일은 지워도 되살아난다

커뮤니케이션은 말로만 주고받는 것이 아니다. 이메일, 전화, 휴대전화 문자 메세지 등 누군가와 자신의 생각을 주고받는 행위는 모두 커뮤니케이션이다. 최근 가장 크게 활성화된 커뮤니케이션 방식은 이메일이다. 이메일은 주요 업무 전달은 물론, 신속하고 정확한 정보 공유, 은밀한 사적 통신 등에 대단히 유용하게 사용되고 있다.

그러나 이메일도 잘못 사용하면 난처한 상황에 처할 수 있다. 우리는 흔히 상사에게 꾸중 들으면 동료나 친구에게 상사 흉을 보며 스트레스를 푼다. 문제는 회사 컴퓨터를 사용한다는 데 있다.

이메일에 잠금 장치가 있어도 회사가 필요로 하면 언제든지 직원의 메일 잠금 장치를 떼어버리고 정보를 가져갈 권리가 있다. 당신이 재빨리 지워도 얼마든지 복원할 수 있다. 회사 컴퓨터는 당신의 소유가 아니라 회사의 기물이기 때문에 절대 개인적인 비밀을 기록하면 안 된다. 만약 당신이 사소하게 생각해 회사의 기밀이나 밝히면 안 되는 임원의 인적사항을 이메일로 유출한 것이 문제로 발전하면 회사는 당신이 그 동안 보낸 이메일들을 되살려 법정 증거 자료로 사용할 수 있다.

지금까지 별 생각 없이 회사 컴퓨터를 사용해 다른 직장에 이력서를 보냈거나, 크고 작은 회사 서류를 유출했거나, 애인에게 진한 연애편지를 쓰는 데 사용했다면 지금이라도 당장 그만두는 것이 현명하다. 지금까지는 별 탈 없이 지나갔을지라도 조심해서 나쁠 것이 없다.

49

이메일은 두 줄이 가장 적절하다

이메일로 고객의 소리도 듣고 사원들의 의견도 받는 CEO는 이메일 보는 시간만 해도 한두 시간으로 부족하다고 말한다. CEO뿐만 아니라 대부분의 사람들이 쏟아져 들어오는 이메일을 읽는 데 제법 많은 시간을 할애한다. 들어온 이메일을 확인하고 바로 답장해 주어야 할 것을 처리하고 나면 어느새 오전 업무 시간이 지나가기도 한다. 그래서 이런 인사 저런 인사를 길게 적고 본론을 한참 뒤에 꺼내는 이메일은 읽다 지친다.

최근 미국 비즈니스 사회에서는 이메일 두 줄 쓰기 운동을 벌인다고 들었다. 두 줄 이상 쓴 이메일은 읽기가 부담스러워 제목만 보고 쓰레기통으로 버려질 가능성이 높다는 것이다. 두

줄도 길게 끝까지 쓰면 가독성이 떨어진다. 눈을 약간 움직여서 볼 수 있는 짤막한 길이로 써야 한다. 그러려면 인사와 서론을 모두 생략하고 본론만 문자 메시지 보내듯 쓰는 것이 좋다.

오늘 2시 예정 회의 내일로 연기.
시간은 오후 3시부터 6시, 의제 동일.

이런 정도가 적당하다. 안부 인사라면 조금 더 써도 된다. 그러나 이 때도 미주알고주알 모든 것을 다 쓰면 읽기가 불편하다. 핵심만 추려 쓰는 것이 요령이다.

이메일은 너무 긴 것이 문제이지 너무 짧아서 문제될 것은 없다. 받는 사람이 알고자 하는 내용만 확실하다면 이메일도 유쾌한 커뮤니케이션이 될 수 있다.

50
이메일은 소속과 이름을 밝혀라

이메일을 받긴 받았는데 누가 보냈는지 모를 경우 정말로 답답하다. 보낸 사람 이름에는 온라인에서 사용하는 닉네임이 적혀 있다. 보낸 사람은 서로 잘 아는 사이여서 자기가 보냈다는 것을 알 것이라고 생각하겠지만, 지인들의 닉네임을 기억하는 사람이 몇이나 되겠는가.

내 동생은 대학 교수인데 재시험을 치르게 해달라는 학생이 이름과 소속도 없이 이메일을 보내서 몇 번 거절한 적이 있단다. 사연이 구구절절 마음을 울려서 웬만하면 만나본 다음에 재시험을 허락할 생각도 있었지만, 자기 이름도 밝히지 않는 학생에게 연락할 길이 없었다. 그렇다고 공개적으로 "이름 안

쓰고 메일 보낸 사람~" 하고 찾을 수도 없는 일이었다.

그런가 하면 전화 좀 해달라면서 전화번호를 안 적어서 보내거나, 제안서를 검토해 달라고 하면서 파일을 첨부하지 않는 이메일도 있다. 받은 사람이 다시 답장을 보내 전화번호를 알려달라거나 파일을 다시 보내라고 해도 되지만, 급한 사람은 그가 아니므로 절차가 복잡해지면 귀찮아서 포기하게 된다.

그러므로 가급적 이메일 끝에 보내는 사람의 전화번호도 밝혀 받는 사람이 전화로 연락할 생각이 있으면 바로 연결될 수 있도록 하는 것이 바람직하다. 받는 사람이 당신의 전화번호를 알고 있더라도 전화번호부에서 찾는 번거로움을 덜어줄 수 있다.

이메일은 바쁘고 복잡한 현대 사회에 훌륭한 메신저 역할을 하고 있다. 그런 도구를 사용하는 우리도 훌륭하고 예의 있게 대해야 한다. 오거나 가는 시간을 절약할 수 있고, 받는 사람이 편한 시간에 열어볼 수 있는 중요한 대화 매체이다.

51

이모티콘, 특수 문자 남용하면
중요한 내용도 장난으로 변한다

요즘 이메일을 장식할 수 있는 이모티콘과 특수 문자들이 많다. 어떤 때는 글로 다 표현할 수 없는 속마음을 더 구체적으로 표현할 수 있어 유용하다. 그러나 받는 사람의 문화에 맞추어 적절히 사용해야 효과적이다.

한 번은 강의 중에 아들과 휴대전화 문자 메시지를 주고받다가 불화가 생긴 아버지의 질문을 받은 적이 있다. 그분은 대학생 아들이 문자로 '아빠 속 썩어서 죄송해요. ㅋㅋㅋ'라는 문자를 받고 충격을 받았다고 한다. 그분은 50대 초반으로, 만화에서 사람을 놀릴 때 'ㅋㅋㅋ'로 표현하는 것을 많이 봐 'ㅋㅋㅋ'가 아빠를 놀리는 것으로 보였다는 것이다. 전날 아들이 포

르노그라피를 보다가 아버지에게 들켜서 그것이 죄송하다는 의미로 보낸 것이었는데, 아버지는 그런 것도 이해 못하느냐며 아들이 놀리는 것으로 오해했다.

사람은 자신이 접해 온 문화의 텍스트 안에서 기호를 읽기 때문에 얼마든지 오해할 수 있다. 따라서 어른들에게 이메일이나 문자 메시지를 보낼 때는 이모티콘이나 특수 문자 사용에 주의해야 한다.

그 동안 직장 상사, 부모님, 스승님 등 웃어른에게 친근감의 표시로 이런 것들을 많이 사용해 왔다면, 기회를 만들어 그분들이 이모티콘이나 특수 문자가 상징하는 의미를 이해하고 계시는지 확인하는 것이 안전하다. 이해가 되지 않은 상황이라면 충분히 오해하고 괘씸해 할 수 있기 때문이다.

문명의 이기를 적극 활용해 더 나은 의사소통을 이루려면 당신의 메시지를 받는 사람이 이해할 수 있는 이모티콘과 특수 문자로 가려서 사용해야 한다.

52

이메일은 답장을 보내야 전달된 것이다

기다림은 누구에게나 지루하고 고통스럽다. 이메일을 주고
받을 때도 마찬가지다. 답변이 필요한 내용을 보낸 사람은 제
때 답장이 안 오면 조바심이 난다. 나 역시 이메일을 보낸 후
확인 이메일이 오지 않으면 몹시 불편하다. 가끔은 답장이 너
무 없어 전화해 보면 못 받았다고 하는 경우도 있어, 답장이 안
오면 더욱 궁금해진다. 이런 경험 때문에 나는 웬만하면 이메
일로 답장을 받거나 문의를 받으면 반드시 "잘 받았습니다."
"알겠습니다." 정도의 간단한 답장이라도 보내는 것을 원칙으
로 한다.

당신이 누군가의 이메일을 받은 후 상대방이 당연히 알겠지

생각이 들더라도 웬만하면 "네, 아니오." 정도의 답장은 해주
도록 하라. 그렇지 않으면 상대방은 당신이 답장을 보내줄 때
까지 쓸데없는 상상으로 자신을 괴롭히며 당신과의 관계까지
되짚어볼 것이다.

상대방이 당신보다 윗사람일 경우 당신이 답장을 하고 안 하
고에 따라 얼마든지 달리 평가할 수도 있다. 상사들에게 좋은
이미지를 심어야 한다면 상사가 이메일로 지시를 내릴 때마다
반드시 곧바로 답장을 해보라. 당신이 간단히 받았다는 답장만
해도 당신은 상사의 신뢰를 얻을 수 있을 것이다. 대화는 항상
신뢰를 바탕에 두어야 이루어지는 법.

53

이메일의 문장은 간결하게,
대용량을 보낼 때는 미리 양해를 구하라

이메일은 글로 하는 대화이다. 그런데 이메일을 열자마자 글의 레이아웃이 엉망인 것을 보면 기분이 상해 읽기가 싫어진다. 특히나 어른들께 보내는 이메일은 신경 써야 한다. 어른들은 어릴 때부터 예의를 갖춘 글쓰기에 익숙해진 분들이다. 이메일이라고 예외가 될 수 없다. 따라서 교수님이나 직장 상사 등 윗사람에게 이메일을 보낼 때는 반드시 깔끔하게 정리해서 보내는 것이 안전하다. 특히 감사의 글이나 안부의 글은 읽는데 조금도 불편함이 없어야 한다.

평소에 존경하던 선생님과 찍은 사진을 기쁜 마음으로 보내려고 하는데 에러 메시지가 뜨며 전송이 안 되었던 적이 있었

다. 무슨 일인가 싶어 전화로 여쭤보니 대용량의 이메일이 들어와 메일함이 꽉 차 있을 것이라는 답변이었다. 나는 즐거운 마음으로 보내지만, 상대방에게는 메일함을 꽉 채우는 생각지 않은 민폐가 될 때도 있다. 특히 업무용 제안서인 경우, 상대방에게 전화로 먼저 양해를 구한 후 보내는 것이 이메일의 에티켓이다. 이메일은 편리하지만, 예의까지 편리하게 생략해서는 안 된다.

54

이메일을 보내기 전에
주소와 오·탈자를 확인하라

이메일은 손으로 쓰는 편지가 아니어서 조금만 부주의하면 오·탈자가 있는 이메일을 보내기 쉽다. 그렇게 되면 받는 사람 입장에서는 '이렇게 성의 없이 쓰나'라는 불편한 마음을 갖게 된다. 철자가 틀렸다는 것만으로도 이메일은 무성의하게 보인다.

나 역시 한 번은 마음이 바빠 내 이름을 '이벙숙'으로 보낸 적이 있다. 받은 사람이 "다른 분인 줄 알았어요. 이름이 이상해서 다시 봤더니 선생님이시더라고요."라고 말해 매우 창피했던 적이 있다. 다행히 그 이메일을 받은 사람이 친한 사람이어서 웃고 넘어갔지만 만약 그것이 비즈니스 이메일이었으면 어쩔 뻔 했는가. 정신이 번쩍 들었다.

이메일은 보내기 전에 두 번 이상 확인하는 것이 좋다. 얼굴은 보이지 않고 글자가 모든 마음을 대신 전하기 때문이다. 한두 개의 오타라 할지라도 보내는 사람의 품위와 내용을 동시에 하락시킨다. 그리고 어른께는 조금 큰 포인트로 보내드리는 것도 성의를 담는 한 방법이다.

가끔 메신저나 이메일을 엉뚱한 곳으로 보내놓고 전전긍긍하는 사람을 본다. 상사의 험담을 한 내용을 잘못 보내고 속을 태웠다는 직장인의 이야기도 들었다. 이메일이나 메시지를 일부러 잘못 보낼 사람은 없다. 약간의 방심이 화를 불렀을 뿐이다. 그러므로 이런 낭패를 보기 싫으면 이메일과 메신저 관리에 철저해야 한다. 공개될 가능성이 조금이라도 있는 기기 장치에서는 누군가 보면 안 되는 내용의 대화는 처음부터 주고받지 않는 것이 좋다. 세계 최고의 부자 워렌 버핏은 "30년간 쌓아올린 명성도 망치는 데는 5분도 안 걸린다."고 말했다. 순간의 방심으로 당신이 여태 쌓은 평판을 단 5초 만에 망칠 수도 있다.

스트레스는 말로 풀어야 잘 풀린다. 그래서 화가 나면 누구나 불평부터 하게 된다. 그 때 누군가가 맞장구라도 쳐주면 스

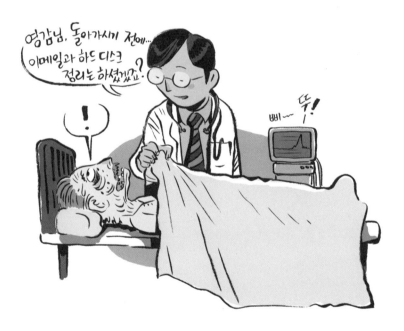

트레스는 훨씬 더 쉽게 해소된다. 그런데 이메일이나 메신저를 그와 같은 수단으로 사용한다면 낭패를 당할 수 있다. 회사 안에 남긴 당신의 흔적들은 언제 누가 어떤 방식으로 열람해 볼지 모른다.

55

가능한 일 대 일 이메일로 보내고, 첨부 파일 버전은 가장 낮은 것으로 쓴다

수신인이 여러 명인 경우 이메일에 대한 집중력이 떨어진다. '나 외에도 여러 사람에게 공적으로 보내는 이메일이구나.' 하는 생각 때문이다. 만약 당신이 절실히 사람들의 눈을 끌어야 할 경우라면 시간이 걸리더라도 일 대 일 이메일로 쓰는 것이 당연하다. 단체의 일이나 공지사항이 아닌 비즈니스나 상대의 마음을 얻어야 하는 경우라면 더욱 그러하다.

어느 편집자는 필자에게 원고를 받아내기 위해 벽에 필자의 사진을 붙여놓고 그분과 이야기를 나누듯이 이메일을 쓴 적이 있다고 한다. 당연히 결과는 좋았다. 사람은 반쯤 귀신이어서 상대가 얼마나 절실하고 진지하게 다가오는가에 대해 아주 민감하다.

　이러한 진지함은 문서를 보내는 형식으로도 나타난다. 특히 글 문서의 경우 높은 버전이 계속 나오고 있지만, 사람에 따라 본인이 친숙한 버전을 계속 사용하는 경우가 많다. 그런데 본인이 쓰는 높은 버전으로 보내면 상대는 문서를 열 수 없는 경우도 있다. 때문에 가장 낮은 버전으로 보내면 누구든지 손쉽게 열어볼 수가 있다. 혹시 그림 파일을 첨부할 경우도 마찬가지다. 한 번에 해결할 수 있는 일을 계속 전화해서 '안 열리는데요' '낮은 버전으로 보내주실 수 있나요'를 반복하는 동안 그 일은 벌써 피곤한 일로 인식된다.

56

껄끄러운 말은 반드시 만나서 하라

누구나 이별에는 익숙하지 못하다. 이별을 통보받는 것 역시 힘들다. 이별뿐만이 아니라 직장에서 부하 직원에게 이유를 설명하기 어려운 해고 통지를 해야 하거나, 진행 중인 프로젝트가 상부의 지시 하에 중단되었다는 말을 해야 할 때, 원하지 않는 부서로 이동되었다는 말을 전해야 할 때도 얼굴을 마주하고 통보하기가 껄끄럽기는 마찬가지다. 그 때문에 많은 사람들이 이런 일은 이메일이나 메신저, 휴대전화 문자 메세지 등으로 전하려고 한다.

그런데 사람은 화가 나면 무슨 방법으로든지 풀어야 한다. 이별이나 해직, 원하지 않는 부서로의 이동을 통보받는 것만큼

화가 나는 일이 있을까. 그래서 이런 말일수록 만나서 하고, 그 순간만이라도 당신이 화풀이 대상이 되어주어야 한다. 그러면 당장의 분노로 인해 부적절한 행동을 하게 되는 것을 막을 수 있다.

껄끄러운 대화일수록 만나서 직접 해야 하는 이유는 또 있다. 대화란 말이 아닌 생각을 주고받는 것이며, 생각은 말뿐만 아니라 표정, 눈빛, 몸짓으로도 주고받는다. 기기를 통해 대화하면 그런 주요 요소들이 삭제돼 오해의 소지가 더 많아진다. 무엇보다 이별이나 해직 등을 통보받는 사람은 그 자체가 큰 상처여서, 기기를 통한 전달은 무시를 당했다는 느낌까지 받는다.

그러므로 욕을 먹더라도 얼굴을 마주 보고 이별을 통보하는 것은 상대방에 대한 최소한의 예의이다. 그런 말은 시간을 끌수록 상대방을 지치게 할 뿐이다. 그리고 언젠가는 부메랑이 되어 당신에게 되돌아올 수도 있다. 당신이 문자 메시지로 해고 통지를 받았다고 생각해 보라. 지금 힘들더라도 상대를 위해 욕을 좀 먹어주는 것이 좋다.

57

문자 메시지에도 품격이 있다

요즘 명절이나 크리스마스 시즌에 새로 자리잡은 문화가 있다. 바로 명절 인사를 담은 휴대전화 문자 메시지다. 전에는 카드나 엽서 등으로 전하던 것이 이제는 문자 메시지로 대체된 것 같다. 어떤 메시지는 반가운 명절인사답다. 그런데 어떤 메시지는 단체로 성의 없이 보낸 것이 느껴진다. 형식적인 인사는 답장을 하는 것도 썩 내키지 않는다.

1월 1일 12시가 넘자 휴대전화 문자 메시지가 들어오기 시작했다. 그러나 나의 이름도 없고 나의 상황과도 맞지 않는 두루뭉술한 새해 인사라면 당신은 어떤 생각이 들겠는가? 컴퓨터에 대량으로 명단을 입력해 놓고 시간까지 세팅해 놓은 맞춤식 새해 인사가 아닌가! 어떤 때는 며칠 지나 전화로 정겹게 새해 인사를 나누는 것이 더 낫지 않나 싶은 생각도 든다.

글이나 말에는 마음이 고스란히 묻어난다. 그래서 무성의한 내용은 금세 안다. 받는 이에게 무시해도 되는 스팸 문자처럼 취급된다면 얼마나 안타까운가.

58

전화와 문자 메시지 답장은 반드시 하라

화제를 모았던 주말 드라마 〈엄마가 뿔났다〉의 주인공 김한
자는 변호사 딸 나영수가 걸핏하면 "엄마 나중에 전화할게."
라고 말하고 끊은 후에 절대로 전화하지 않는 것을 몹시 못마
땅해 했다. 자식 일이라면 다 용서할 수 있는 엄마도 딸의 그런
태도는 괘씸한 법이다.

당신도 별 생각 없이 다시 전화한다고 해놓고 잊어버리거나,
문자 메시지를 받은 후 바로 답장해야지 생각했다가 다른 일로
바빠 그만 깜빡한 경우가 많았을 것이다. 당신은 대수롭지 않
게 생각할 수 있지만, 상대방에게는 큰 무례를 범한 것이다. 당
신을 개인적으로 충분히 이해하고 있는 사람이 아니라면, 혹은

이해하고 있더라도 인간관계를 깨뜨리는 데는 한 번의 전화 생략만으로도 충분하다. 인맥을 넓히고자 애쓰는 당신이라면, 한 사람을 더 만나는 것보다 전화 약속이나 이메일과 문자 메시지 답장에 더 힘을 써라.

부득이 전화 약속을 지키지 못할 상황이거나 답장 쓰는 것을 잊었다면 늦게라도 연락을 취해 꼭 사과해야 한다. 대수롭지 않은 일이라고 넘겨버리거나 쑥스러워 사과를 생략하면 그 관계는 회복할 수 없게 된다.

때로는 '불황인데 우리 모두 힘내요.' 하는 문자 메세지를 받을 때가 있다. 나는 그 때 정작 용기를 얻고자 하는 사람은 문자를 보낸 사람이라는 생각이 들 때가 있다. 그래서 스팸 문자나 이메일이 아닌 이상 모든 메시지에 답장을 한다.

59

문자 메시지라도 보내는 사람을
생략하지 말라

가끔 보낸 사람을 알 수 없는 문자 메시지를 받고 답답할 때가 있다. 보통 비즈니스 관계에 있는 사람들은 사무실 전화번호를 기억하고 있는 경우가 많아 낯선 휴대전화 번호를 보면 당혹스럽기까지 하다. 물론 바로 통화 버튼을 눌러 확인할 수도 있지만, 요즘처럼 보이스피싱이 만연되어 있는 분위기에서 낯선 전화번호는 부담스럽기만 하다. 이는 비단 나만의 문제는 아닐 것이다.

친한 사람끼리는 괜찮겠지 생각하겠지만, 받는 사람의 다양한 경우를 생각할 때 당신이 누구인지 이름을 밝히는 것이 좋다.

전화 통화에서도 무턱대고 "나야."라고 말하는 사람이 있다. 물론 가족이라면 상관없지만 누군지 식별이 안 되면 전화 건 사람이나 받는 사람 모두 민망해질 수 있는 것이다. 나의 번호가 상대 전화번호부에 입력되어 있으면 자동으로 이름이 뜨지만, 그렇지 않은 경우 상대는 내가 누구인지 모를 수도 있다. 하지만 상대 입장에서는 "누구세요?"라고 묻기가 그리 쉽지 않다.

관계의 경중은 매우 개인적인 것이고 살다보면 변하는 것이기 때문에 따질 수도, 서운해 할 필요도 없다. 그러나 본인이 누구인지를 밝히지 않았을 경우, 본의 아니게 여러 가지를 확인하는 경우가 생기게 된다.

가장 명쾌한 것이 가장 유쾌한 것이다. 내 이름 하나 밝히는 것이 어려운 일은 아니지 않는가.

60

때와 장소를 가리지 않는
문자 메시지 중독은 상사를 화나게 한다

요즘 문자 메시지 중독으로 느껴지는 젊은이들을 많이 볼 수 있다. 대중교통을 이용하다 보면 어린 학생들까지 쉬지 않고 문자 메시지를 주고받는다. 하루 종일 휴대전화가 손에서 떨어지지 않는다. 직장인이라고 예외가 아니다. 상사가 업무를 지시하고 있는 와중에도 휴대전화를 손에서 놓지 않아 말하는 사람이 오히려 불안해지기까지 한다. 상사 입장에서는 제대로 전달되었는지 불안하고, 또 확인하기 위해 잔소리를 해야 하는 상황이 벌어진다.

요즘 직장에서는 연공서열이 많이 깨졌다 해도 상사들은 여전히 당신의 진급, 부서 결정, 근무 평점 등을 결정할 권한을

갖고 있다. 그들은 더 윗사람으로부터 업무 지시를 받거나 중요한 이야기를 할 때 한눈을 팔아서는 안 된다고 배웠다. 그러므로 대화 중에 휴대전화 문자 메시지를 주고받는다는 것은 윗사람의 말을 무시하는 행동이라고 받아들일 수 있다. 물론 당신이 그럴 의도가 전혀 없었더라도 말이다.

습관이란 자신도 모르는 사이에 스스로 통제할 수 없게 만드는 힘이 있다. 꼭 상사가 아니더라도 친구나 가족과 대화를 나누면서 스스럼없이 휴대전화 문자 메시지를 보내고 있다면 지금부터라도 절제하는 훈련이 필요하다. 부모님이나 친구들은 "내 말 듣는 거야, 안 듣는 거야?" 정도에서 그치겠지만, 직장 상사는 야단만 치는 것이 아니라 나중에 인사고과에도 반영한다는 사실을 명심하라.

61

회사 전화를 받을 때는
자신의 이름과 소속부터 밝혀라

고객 서비스는 기업의 성패를 좌우하는 중요한 요소로 자리 잡았다. 서비스를 평가하는 기준 가운데 고객센터 상담원의 전화 매너는 단연 일순위다. 고객 입장에서는 가장 먼저, 그리고 가장 자주 접하게 되는 곳이기 때문이다.

사용 중인 휴대전화를 해지하려고 통신사 고객센터에 전화를 하거나 구입한 제품의 사용법을 알아보기 위해 판매 회사에 전화를 했는데 상담원이 딱딱하게 전화를 받으면 회사에 대한 이미지가 불친절하게 느껴진다. 얼굴을 마주하지 않는 대화는 제스처, 표정 등이 차단돼 오해하기 쉽다. 그 때문에 전화는 마주 보고 말할 때보다 훨씬 더 조심해야 한다.

방금 전 상사에게 꾸중을 들어 기분이 좋지 않은 상황에서 전화를 받느라 미처 소속이나 이름을 밝히지 못했을 수도 있다. 아니면 곧 회사를 곧 그만둘 예정이어서 건성으로 전화를 받았을지 모른다. 그러나 전화를 건 사람은 당신의 사정을 일일이 다 알 수 없다. 그에게 당신은 그 회사를 대표하는 사람일 뿐이다.

누누이 강조하지만 말하기는 습관이다. 당신이 이름이나 소속을 생략하고 그저 "여보세요"라고 퉁명스럽게 받는 습관이 몸에 배면 마음에 드는 회사로 옮겨도 그 습관은 바꾸기가 쉽지 않다. 그 태도가 경영진이나 상사에게 전달되지 말라는 보장이 없지 않는가. 직장에 걸려온 전화를 받을 때는 항상 "○○사의 ○○○입니다."라고 말하는 습관을 기르자.

62

전화 목소리에도
말하는 사람의 자세가 보인다

전화는 얼굴이 안 보이기 때문에 누워서 또는 비스듬히 앉아서 받아도 된다고 생각하기 쉽다. 그러나 목소리에는 전화 받는 태도가 다 드러난다. 당신이 책상 위에 다리를 올리고 반쯤 누워서 받는 전화 목소리와 정중하게 서서 받는 목소리 톤은 크게 다르다. 전문가가 아니어도 목소리가 주는 뉘앙스를 쉽게 느낄 수 있다.

나도 가끔 텔레마케터의 전화를 받아보면 그 사람이 쭈그리고 앉아 전화를 하는지 가슴을 펴고 바르게 앉아 전화를 하는지를 안다. 다국적 기업의 한 CEO는 외국인과 통화할 때 "당신을 존경하기 때문에 지금 서서 전화를 받고 있다."고 말하는 외국인 임원이 있는데 확실히 그와 전화를 하면 기분이 다르더라고 말했다.

그렇다고 목소리를 가성으로 꾸미거나 어색할 만큼 높이라는 것이 아니라, 바른 자세로 앉아 바른 목소리를 내라는 말이다. 전화기에 대고 혼자 웅얼거리면 상대방은 알아듣기 어렵다. 마주하면 제대로 알아듣지 못했어도 얼굴이나 표정을 통해 미루어 짐작할 수 있지만 전화 통화로는 그럴 수 없기 때문이다. 그렇다고 너무 크게 말해 받는 사람이 전화기에 귀를 댈 수 없을 정도도 곤란하다. 전화 통화는 바른 자세로 입을 크게 벌리고 정확한 발음으로 말해야 유쾌하게 대화를 할 수 있다.

63

전화 내용은 반드시 메모해서
정확하게 전달한다

예전에 비해 휴대전화를 가진 사람들이 많아 전화를 대신 받아 내용을 전해야 하는 일은 크게 줄었다. 그러나 직장생활을 하다 보면 간혹 다른 사람의 전화를 대신 받는 경우가 생긴다. 그런데 사람의 기억력은 한계가 있어서 듣는 순간에는 모두 기억할 수 있을 것 같지만 조금만 지나면 대부분 기억에서 지워진다. 그렇기 때문에 남의 전화를 대신 받을 때는 반드시 내용을 메모해서 전하는 것이 안전하다.

메모도 5W1H원칙에 맞추어서 정리하는 것이 좋다. 전화건 사람이 빠뜨리는 것이 있으면 보충 질문을 해서 채워 넣으면 더욱 좋다. 5W1H란 다 알고 있듯이 '누가(Who) 언제

(When) 어디서(Where) 무엇을(What) 왜(Why) 어떻게(How) 말한다' 이다. 자신의 뛰어난 기억력을 믿고 나중에 당사자를 만나면 전해야지 생각했다면 그 중 하나 정도를 빠뜨릴 확률이 높다. 직장에서는 남의 전화를 받고 그 내용을 제대로 전달하지 못하면 무능해 보일 수도 있다. 또 전달 내용이 시간을 다투는 중요한 사안일 경우 성패를 좌우할 수도 있다.

직장 새내기라면 상사나 선배 등에게 걸려온 전화는 내용을 꼼꼼히 메모해 전달하는 습관을 길러두자. 당신의 능력보다 훨씬 좋은 평가를 받을 것이다. 혹은 지금까지 전화 내용을 모두 기억해 실수 없이 전달해 왔더라도 지금부터는 메모해서 전해 보라. 실수는 예고가 없는 법이다. 그리고 열 번 잘하다가 한 번 잘 못해도 찍히는 곳이 직장이기도 하다. 언젠가 있을지 모를 실수에 대비한다고 손해 볼 것은 없다.

64

전화는 반드시 상대방이 수화기를
내려놓은 후에 끊어라

요즘에는 아쉬운 전화를 하고도 먼저 끊는 사람들을 많이 본다. 휴대전화 통화가 많아져 예전처럼 수화기 내려놓는 둔탁하고 차가운 금속성이 크지 않아 괜찮다고 생각해서인지도 모르겠지만 먼저 통화를 잘라버리는 소리가 유쾌하지 않기는 마찬가지이다. 특히 나이 어리거나 직급 낮은 상대와 통화 중 말을 이으려는데 뚝 하고 먼저 전화를 끊어버리면 그보다 더 불쾌할 수 없다. 유쾌한 대화를 생각한다면 작은 부주의로 불쾌감을 유발할 필요가 없지 않는가.

별 생각 없이, 그저 성질이 급해서 통화 대상이 연장자이거나 윗사람이어도 신경 쓰지 않고 먼저 전화를 끊어온 것이라면

이제라도 당신의 태도를 되돌아보고 사과하자. 그 동안 당신의 태도에 불쾌감을 느꼈지만 솔직한 사과에 오해를 풀고 사려 깊은 행동만 기억할 것이다.

65

대화에도 묻지 말아야 할 것이 있다

그다지 친하지도 않은데 대답하기 곤란한 사적인 것에 대해 꼬치꼬치 묻는 사람이 있다. "그 코트 얼마 주고 샀어요?"라고 물어도 불편한데 언제 샀느냐, 무슨 브랜드냐, 그 가격이 세일 가격이냐 등 취조하듯 캐물으면 정말로 그 자리를 피하고 싶어진다. 또 많은 사람들이 첫 만남에서 "어느 동네 사세요?"라는 질문 다음에 꼭 "빌라예요, 아파트예요? 몇 평이에요? 언제 샀어요?" 등의 질문을 퍼붓는다. 서로에 대한 정보가 많을수록 대화가 유쾌해지는 것은 사실이다. 그러나 말하고 싶지 않은 사적인 부분도 있다.

미국에서 공부할 때 사람을 만나서 '절대로 묻지 말아야 할

것' 에 대해 들은 적이 있다. 참고가 될 것 같아 소개한다.

첫째, 사는 동네를 묻지 않는다. 요즘 우리나라도 그렇지만 미국은 사는 동네에 따라 생활 수준이 크게 다르다. 본인이 밝히지 않으면 물어보지 않는 것이 예의다.

둘째, 결혼 여부이다. 미국에서는 기혼인 사람들은 반드시 결혼 반지를 끼고 다닌다. 물을 필요가 없다. 반지를 확인하지 않고 결혼 여부를 물으면 센스가 없는 사람으로 평가된다. 우리나라도 이혼율이 높아지고 적령기를 넘긴 싱글들이 늘어 결혼 여부의 질문을 거북해 하는 사람들이 많아졌다. 미국처럼 결혼하면 반드시 결혼 반지를 끼고 다니는 것도 아니어서 확인할 방법도 없다. 그러므로 역시 자신이 밝히지 않으면 묻지 않는 것이 좋다.

셋째, 자녀 문제이다. 미국은 자녀가 없는 가정도 많다. 이혼과 재혼을 반복하며 자녀 문제가 복잡하게 얽혀 있는 경우도 많다. 그밖에 여러 가지 이유로 남에게 자녀 이야기를 하기 싫어하는 사람들이 많다. 우리나라도 자녀가 어느 대학에 입학했느냐고 묻는 것은 실례로 여기는 질문이 되었다.

넷째, 물건 값이다. 집을 얼마주고 샀느냐, 그 셔츠 얼마짜리냐, 반지 어디서 얼마 주고 샀느냐 등은 미국인들에게는 절대로 묻지 말아야 할 질문이다. 그런데 우리나라 사람들은 이런 질문을 거침없이 잘한다. 하지만 질문을 받는 사람은 거북해할 수 있으니 삼가자.

다섯째, 정치적 신념이나 종교, 사상 이야기다. 이런 질문은 싸움으로 이어지기 쉽다. 우리나라의 경우도 예외가 아니다.

거기다가 당신 자신도 대답하기 싫다고 생각하는 것들은 상대방도 싫어한다고 생각하면 된다. 만약 상대방의 사적인 부분에 관심이 간다면 당신이 먼저 자신에 대한 이야기를 시작하라. 서서히 서로를 이해하면 점차 유쾌한 대화가 이어질 것이다.

66

공동생활에서는 양해를 구한 후
행동하는 것이 예의다

창문을 열기 전에 "창문을 열어도 될까요?", 의자를 옮기기 전에 "의자를 왼쪽으로 조금 옮겨도 될까요?", 담배를 피우기 전에 "여기서 담배 좀 피워도 될까요?", 차를 홀짝이며 마시기 전에 "차 좀 소리내 마셔도 될까요?", 음식을 덜어가기 전에 "이 음식 좀 덜어가도 될까요?" 등 행동 전에 양해를 구한다면 당신의 행동이 매우 개인적인 것이거나 혹은 규칙에 어긋나는 행동일지라도 배려 있는 사람으로 비춰질 수 있다.

남을 배려하지 않는 무례한 사람과는 모두 대화를 나누기 싫어한다. 그것은 당신도 마찬가지일 것이다. 흔히 영국인들을 '신사'라고 부르는데, 영국인들과 여행을 다니면서 그 이유를 확인할 수 있었다.

그들은 버스 안의 통로를 지나가면서도 반드시 옆 좌석 사람에게 "지나가도 되겠느냐?"고 물었다. 자유 시간에도 혼자 물건 사러 갈 일이 생기면 일행에게 "나는 ○○에 갈 것인데 괜찮겠느냐?"고 반드시 행선지를 말해 준 후 움직였다. 그들과 지내면서 나는 매우 존중받는 듯한 느낌을 받았다. 그 느낌은 당연히 유쾌한 대화를 만들었다.

67

돈 이야기는 분명할수록 좋다

"부자 되세요!" "돈 많이 버세요." 몇 년 전부터 우리나라 사람들도 드러내놓고 돈 얘기를 시작했다. 하지만 아직도 가까운 사람들과는 돈 이야기가 힘들다. 그러나 돈은 우리 인생에서 아주 중요한 요소 중 하나이다. 분명히 해두지 않으면 많은 오해와 갈등이 생길 수 있다.

직장 상사가 사소하게 1만 원, 2만 원씩 빌려가 제 때 갚지 않는 것은 물론, 언제 갚겠다는 말조차 하지 않아 마음고생을 하는 후배가 있었다. 그런 일이 반복되자 상사가 업무 지시를 하려고 불러도 '오늘은 나한테 빌려간 돈을 주려나.' 라는 생각부터 들어 지시 내용이 제대로 귀에 들어오지 않았다. 그리고 빌려간 돈 얘기는 꺼내지도 않고 업무 지시만 내리면 우습게 여겨져 자기도 모르게 무시하게 되었다고 한다.

나 역시 기업체 강의를 시작한 초기에는 강사료 부분을 분명히 해두지 않고 강의해 마음고생을 한 적이 있다. 턱없이 낮은 강사료를 보내 실망한 적도 있고, 강의를 한 후 두어 달이 넘도록 강사료를 지급하지 않는 것은 물론 언제 지급하겠다는 말도 없어 기분이 언짢았던 기억도 있다. 예산이 적으면 적은 대로 사전에 양해를 구한 후 강의를 요청하면 될 터인데, 그렇지 않아 기분을 상하게 하는 곳이 생각보다 많았다.

강사에게 대놓고 돈 얘기하기가 민망해서 그랬을 수 있다고 이해는 한다. 그러나 그것은 서로를 곤란하게 만들 뿐이다. 돈에 관한 이야기는 액수, 지급 시기 등 모든 것들을 사전에 분명히 해두는 것이 가장 깔끔하다. 이 때 한 약속은 반드시 지키되, 부득이 지킬 수 없는 형편에 처하면 사전에 양해를 구해 지급받기로 한 사람이 대책을 세우도록 해주어야 한다.

형제 자매에게 돈을 빌렸을 경우에도 반드시 언제까지 갚겠다는 약속을 하고, 부득이 약속을 지키기 어렵다면 약속 기일 이전에 양해를 구해야 가까운 사람들과 돈 때문에 갈등을 일으키지 않을 것이다.

68

맞장구만 잘 치면 기밀도 누설한다

　강의를 나가보면 어떤 사람들은 '내가 웃나봐라. 어디 나를 한 번 웃겨보시지.' 라는 태도로 강의를 듣는다. 강의라는 것이 웃기려고 하는 것은 아니지만 재미있는 내용을 들으면 자연스럽게 웃는 것이 당연한데도 절대로 표정을 바꾸지 않고 강의를 듣는 사람들이 있다. 그런 사람들을 만나면 나도 모르게 의욕이 사라져 강의 내용이 점점 딱딱하게 변한다.

　반대로 별 것 아닌 내용에도 소리내 웃고 박수 치고 고개를 크게 끄덕이는 사람들이 있다. 이 때는 다른 강의에서 말하려고 감추어두었던 내용까지 끄집어내 강의 내용이 풍부해진다. 그런 강의는 만족도도 높아져 계속 강의해 달라는 요청으로 이어진다.

《피드백 이야기》의 저자 리처드 윌리엄스는 "피드백(맞장구)은 상대방을 한 인격체로 대한다는 증거"라고 단언한다. 즉 맞장구를 잘 치면서 듣는 것은 상대방을 존중한다는 의미가 된다는 말이다. 타인으로부터 존중을 받으면 마음이 열리고, 마음이 열리면 유쾌한 대화가 이루어진다.

사춘기로 힘들어하는 아이의 마음이 궁금하다면 아이의 말을 무표정하게 듣거나 훈계부터 하지 말고, 고개를 끄덕여가면서 "그래서?" "그렇겠네." 등의 말로 맞장구를 쳐라. 연인의 속마음을 몰라 애태우는 청춘이라면 '그는 이런 사람이니까 이럴 것이다' 라는 고정관념을 버리고 그와 대화할 때 전보다 더 크게 고개를 끄덕이고 맞장구를 많이 쳐라. 오늘부터라도 상사 말에 고개를 끄덕이고 맞장구를 치면서 들어라. 그의 표정에서 당신의 위치를 확인할 수 있을 것이다.

69

무조건 "예, 예" 한다고
환영받는 것은 아니다

많은 직장인들이 상대방의 태도에 화가 나거나 의견이 달라도 참는 것이 능사라며 앞에서는 입을 다물고 뒤에 가서 불평한다. 물론 조직이 군대처럼 짜여 있어 상사의 지시는 무조건 따라야 했던 시대에는 상사의 명령에 무조건 '예스' 하는 사람들이 유리했다. 그러나 지금은 '의견 없는 사람은 존재감 없는 사람'이 되었다.

대화의 핵심 요소 중 하나는 힘의 균형이다. 그러므로 아랫사람이라도 윗사람에게 공손하지만 당당하게 말해야 대화가 성립되는 것이다. 상사가 너무 공격적이어서 할 수 없이, 또는 부모님의 잔소리를 피하려고 예스맨이 되었지만 정작 그들과 마음을 나누는 대화는 힘들어졌다. 힘의 균형이 깨져 대화가 성립되지 못하기 때문이다.

당신 보기에 실력도 별로이고 일도 대충 하는데 상사와 대화를 잘하는 사람은 당신 못지않은 예스맨일 것 같지만 꼭 그렇지 않다. 그는 할 말을 기분 상하지 않게 할 줄 아는 사람이다. 목소리를 높이거나 툴툴거리면서 불평 불만만 쏟아내기에 대화가 깨지는 것이지, 상대방이 기분 상하지 않게 조용조용 당당한 목소리로 말하면 오히려 대화가 잘 된다.

상사나 부모님, 선배의 황당한 말을 듣고도 입 다물고 있으려면 여간 마음이 불편하지 않다. 마음의 불편함은 숨기려고 해고 표정으로 드러난다. 그 표정은 당신이 입으로는 예스라고 말하지만 마음은 아니라고 한다. 그러면 오히려 겉과 속이 다른 사람이라는 오해를 살 수도 있다.

그러므로 상대방 말에 무조건 "예, 예" 하지 말고 할 말이 있으면 속 시원히 털어놓을 수 있는 방법을 찾아라. 당당한 태도로 논리를 갖추어 말하면 상대방도 당신 말에 귀를 기울일 것이다.

70

마음이 시키는 대로 말하면
다른 나를 볼 수 있다

"너는 너무 까다로워." "너는 고집이 너무 세."라는 주변 사람들의 평판은 무의식 중에 내가 나를 판단하는 기준이 된다. 특히나 부모나 형제, 친구 등 가까운 사람들로부터 그런 말을 자주 들으면 선입견을 만들어 자신을 틀 안에 가두기 쉽다. 그러나 모든 사람에게는 여러 가지 면이 존재한다. 영국 작가 로버트 루이스 스티븐슨이 쓴 《지킬 박사와 하이드》가 아직도 명작으로 인기를 끄는 것은 우리 안의 극단적인 양면성을 보여주기 때문이다.

나 역시 어린 시절 고집이 세서 어머니 속깨나 썩였다. 우리 어머니는 나에게 "저 애는 혈액형이 O형이라서 고집이 황소

마음을 놓아주라!

고집이야. 계집애가 제 주장이 어찌나 강한지 평탄하게 사는 것이 쉽지 않겠어."라는 말씀을 많이 하셨다. 그래서 나도 모르게 '나는 고집이 세고 내 주장이 강한 여자다. 살림하며 집에 들어앉는 일은 죽어도 못한다.'고 믿게 되었다. 그 믿음은 회사를 그만둔 후에도 공부하겠다며 미국으로 달려가는 용기를 부추기기도 했다. 잘 풀렸으니 다행이지 그렇지 않았다면 어머니의 생각은 나를 틀 안에 가두는 거대한 족쇄가 되었을 것이다. 왜냐하면 그 당시 나는 어떤 때는 정말로 고집을 꺾고 싶었지만 고집 꺾는 것이 나답지 않은 것 같아 막무가내로 버티며 괴로워한 적이 많았기 때문이다.

그런데 고등학교 때 다시 혈액형 검사를 해보니 내 혈액형은 A형으로 나왔다. 내가 초등학교 다니던 시절만 해도 모든 것이 낙후돼 혈액형 검사가 엉터리였던 것이다. 하지만 우리 어머니는 내 바뀐 혈액형을 끝내 믿지 않으셨다.

그 후 커뮤니케이션 공부를 한 후 나 자신을 다시 돌아볼 시간들이 생겼고, 나를 가두었던 틀에서 벗어날 수 있었다. 나를 판단하는 기준을 바꾸자 자신도 모르던 또 다른 나를 발견할 수 있었다.

71

상대방에게 득 되는 말부터 하라

처음 만나 서먹서먹한 사이에도 그가 여성이라면 "○○에 가면 명품을 싸게 판다는 사실 아세요? 품질도 진짜 좋대요." 라고 말을 붙이거나, 처음 인사를 나눈 학부모에게 "○○에 가면 영어를 잘 가르치는 선생님이 있대요."라는 이야기를 하면 귀를 쫑긋 세우며 관심을 보인다. 관계는 아직 어색하지만 이야기는 솔깃하기 때문이다.

낯선 이에게 말을 거는 것이 힘들거나 친구들 사이에서도 이야기를 주도하지 못해 고민에 빠져 있다면 사람들이 관심을 가질 만한, 그들에게 도움이 될 만한 화젯거리부터 찾아라.

대화에 자신이 없다고 생각하는 사람들 대부분 노력은 안 하고 말하기가 어렵다는 걱정만 한다. 그러나 말은 공짜로 잘할 수 있는 것이 아니다. 공부나 운동, 재테크 못지않게 그에 대한 투자를 많이 해야 한다. 토크쇼에서 인기를 끄는 연예인들을 보면 일상의 사소한 사건들도 놓치지 않고 관찰해 아주 재미있게 이야기를 만들어내지 않는가. 반면에 "내가 말하면 항상 썰렁해."라고 단정 짓는 사람들은 그런 노력이 없다.

이야깃거리가 풍부하면 대화가 두렵지 않다. 예를 들어 당신이 음식에 관심이 많다면 맛집이나 특이한 양념, 요리 방법 등에 대한 정보만 열심히 모아도 사람들에게 도움이 되는 정보를 제공하고 대화의 중심에 설 수 있다. 음악을 좋아하거나 패션을 좋아하거나 재테크를 좋아하는 경우에도 마찬가지다.

정보는 많은데 말재주가 없다면 그 정보들을 상대방에게 득이 되는 쪽으로 편집해야 한다. 방송을 통해 이름난 강사의 강의를 자주 듣거나 TV 토크쇼를 보면 어렵지 않게 힌트를 얻을 수 있다. 당신만 알고 있기에는 아까운 정보들을 잘 포장해서 말하는 노력을 기울여라.

72

극찬은 다른 사람을
비난하는 말이 될 수 있다

같은 말도 어떤 사람에게는 칭찬이 되지만, 어떤 사람에게는 비난이 되는 경우가 있다. 칭찬이 지나쳐 극찬이 되면 칭찬받는 사람 이외의 나머지 사람들은 그 말로 인해 큰 상처를 받을 수 있다. 사람은 누구나 비교당하는 것을 대단히 싫어한다. 그래서 사람들 앞에서 한 사람만 극찬하면 오해를 불러올 수도 있다.

두 자녀를 두었는데 한 아이가 1등을 했을 때 "내가 너 때문에 산다."고 칭찬을 하면 다른 아이는 '나는 부모님에게 쓸모없는 자식인가……' 라는 자괴감에 빠질 수 있다.

부서를 책임지는 팀장으로서 부서 내 한 직원의 공으로 부서 위상이 높아져서 "○○ 씨가 우리 부서의 보물이야. 당신이 없으면 우리 부서는 무너져."라고 극찬하면 나머지 직원들은 '그럼 우린 뭐야?' 라는 생각이 들 수 있다. 조직은 모든 구성원이 협력을 이루어야지 힘을 낸다. 한 사람의 스타만으로는 운영이 어렵다. 그래서 한 사람만 높이면 나머지는 자연스럽게 낮아진다.

그러므로 칭찬은 다른 사람들의 기분이 상하지 않게, 칭찬받을 일만 부각시켜야 한다. 당신이 두 자식 중 한 아이를 칭찬해야 할 때도 "이번에 잘 해주어서 정말로 기쁘다." "그런 일을 한 네가 자랑스럽다." 등 지금 해낸 일만 칭찬하면 된다. 한 직원만 칭찬해야 할 때도 "이번 일은 정말로 잘했습니다. 고맙게 생각합니다." 정도로 그가 한 일만 칭찬해야 다른 사람들의 공격을 피할 수 있다.

73

정당한 요구는 당당히,
그러나 부드럽게 말하라

엊그제 사온 옷이 마음에 들지 않는데도 종업원의 대응이 두려워 우물쭈물 하면 돈만 날리고 옷장만 복잡해진다. 부모님이 당신을 다른 사람과 비교할 때마다 '이런 말 듣기 싫다고 말하면 화내시겠지?' 라는 생각만 하다가는 부모님과 멀어질 수 있다. 차라리 당당하게 더 이상 비교하지 말아 달라고 요구해야 부모님도 조심하실 것이다. 적어도 당신이 화를 내는 이유는 알 수 있다.

드라마 〈엄마가 뿔났다〉에서 주인공 김한자의 둘째딸 영미는 시어머니의 변덕스런 요구에 매번 마음이 상한다. 특히 갑자기 아기를 빨리 낳으라고 압박을 가하는 시어머니에게 심한 부담감을 느낀다. 그러나 그것을 참지 않고 "아기가 생기기도 전부터 한약방으로 병원으로 쫓아다니는 것은 부담스러워요. 그러지 마세요."라고 자기 생각을 말하자 스트레스가 줄었다. 시어머니도 처음에는 며느리가 꼬박꼬박 말대꾸하는 것을 못마땅하게 여겼지만 차츰 며느리의 요구 사항에 신경을 쓰기 시작했다.

요구 사항을 말하기도 전에 받아들여지지 않을 거라고 미리 포기하면 불만만 쌓여 오히려 대화가 꼬인다. 그러나 한 번 부딪쳐보자는 심정으로 요구 사항을 관철시키거나 스스로 깨끗하게 물러서면 대화가 풀린다.

물론 당신이 요구 사항을 당당히 말하지 못하는 데는 언젠가 당신의 요구를 거절당한 기억 때문일 것이다. 그 때문에 요구 사항을 말하더라도 지레 화를 내며 퉁명스럽게 말하거나 목소리를 높였을 가능성이 있다. 하지만 정당한 요구는 머뭇거리지 말고 당당히, 그러나 부드럽게 말해야 잘 받아들여진다.

74

축하에 사족을 붙이면 놀리는 말이 된다

축하할 일에는 화끈하게 축하의 말만 해야 한다. 말끝에 "그런데 어쩌고저쩌고……."라고 사족을 달면 놀리는 말로 변한다. 진급한 동료에게 "진급을 축하해."라고 끝내야지 "그런데 진급이 상당히 늦었었네."라는 말을 덧붙이면 자칫 심술궂은 사람이 된다.

결혼을 알리는 친구에게 "결혼 축하해."라는 말만 해야지 축하의 말을 다음에 "그런데 시댁이 엄청 못 산다며? 네가 고생하겠다……."라고 걱정을 덧붙이면, 당신이 진짜로 친구를 위해서 그런 말을 했을지라도 친구는 축하받았다고 생각하기보다는 속 뒤집는 소리를 들었다고 생각할 것이다.

실적을 올린 부하 직원에게 "이번 일 수고 많았어."라고 말한 뒤에 "평소에도 그렇게 열심히 하면 얼마나 좋겠어."라고 덧붙이는 것도 마찬가지다.

　유쾌한 대화로 아름다운 인간관계를 유지하려면 매우 가까워 막역한 사이라도 축하할 일, 칭찬할 일에는 사족 붙이지 말고 쿨하게 축하의 말만 전하라.

75

부탁은 단도직입적으로 하라

대부분의 사람들은 부탁하는 것을 몹시 부담스러워한다. 그래서 부탁할 일이 생기면 한참을 뜸들여 빙빙 돌려서 말한다. 부탁받은 사람 입장에서도 그가 힘들게 말을 꺼냈다는 것을 알기에 웬만하면 들어주려고 한다. 그런데 부탁을 들어주고도 상처를 받는 경우가 있다. 부탁하는 사람이 내용을 두루뭉술하게 말해버려 부탁받은 사람이 자의적으로 해석했기 때문이다. 부탁을 들어주고도 섭섭한 소리를 듣게 되는 것이다.

말은 하는 사람과 듣는 사람이 얼마든지 다르게 해석할 수 있다. 특히 부탁 같은 민감한 사안은 더욱 그렇다. 따라서 부탁을 하려면 단도직입적으로 정확히 해야 한다.

직장에서 윗사람에게 부서 이동을 부탁할 때는 "지금 일하는 부서가 적성에도 안 맞고 어쩌고……." 하며 빙빙 돌려 말하지 말고 "이번 인사 때 ○○부서로 옮길 수 있도록 도와주십시오."라고 분명히 말해야 당신이 무엇을 원하는지 알 수 있다.

부탁을 좋아하는 사람은 없다. 그러나 부득이 해야만 하는 상황이 온다면 우물쭈물하지 말고 단도직입적으로 내용을 밝혀라. 그리고 거절을 당해도 얼굴을 붉히며 감정을 드러내지 말고 "알겠습니다. 들어주셔서 감사합니다." 등의 말로 마무리해 뒤끝은 남기지 말라. 이것만 확실히 해도 부탁 때문에 자존심 상하는 일은 줄어들 것이다.

76

안 되는 것을 조르면 부담만 안겨준다

부탁은 들어주기 어려운 사람에게는 정말 큰 스트레스다. 그렇기 때문에 무리한 부탁은 언제나 관계를 깨뜨린다. 그러므로 당신 사정만 생각하고 들어줄 수 없는 사람을 몰아붙이지 말아야 한다. 거절할 수밖에 없는 사람은 그 자체만으로도 엄청난 스트레스를 받는다.

곧 여행을 떠나야 하기에 친구에게 며칠간 화분을 돌봐달라거나 강아지를 맡아달라는 부탁을 했다. 그런데 친구 역시 여러 가지 어려운 사정이 있어 부탁을 들어줄 수 없다고 거절했다. 그럴 때 당신이 "알고보니 나만 친구라고 생각한 모양이군." 같은 반응을 보인다면 두 사람은 관계를 지속할 수 없다.

당신에게 사정이 있듯 친구에게도 사정이 있다. '오죽하면 거절할까. 정말로 들어주기 힘든 모양이야.' 라고 친구의 입장을 헤아릴 줄 알아야 한다. 유쾌한 대화는 말하는 사람이나 듣는 사람 모두가 불편하지 않아야 가능한 법이다.

77

화해는 먼저 하는 사람이 이긴다

가까운 사람과는 티격태격 싸우면서 정이 든다. 부부 간에도 전깃불을 누가 끌 것인가, 화장실 청소는 누가 할 것인가 등을 놓고 티격태격해야 잔정 있게 잘 산다. 가까운 사람끼리 너무 정중하고 예의 바르게 대해도 정이 안 붙는 법이다. 그런데 티격태격 해서 정이 드는 사람도 있지만, 오히려 큰 싸움으로 번져 아예 인간관계가 깨지는 사람도 있다.

분노, 공포, 슬픔 등의 부정적인 감정은 가슴에서 소멸되지 않고 자란다. 아무래도 티격태격 하면 부정적인 감정이 생기기 쉬운 말을 주고받는다. 그 때 화해하고 끝내면 듣는 사람 마음에 부정적인 감정이 쌓이지 않지만, 화해 없이 끝내면 감정들이 쌓여 앙금이 남는다.

화해에는 용기가 필요하다. 상대방도 화해하고 싶지만 용기를 못 내다가 당신이 먼저 화해를 청하면 마음으로 정말로 고맙다. 그러면 전보다 더 다정한 대화를 나눌 수 있을 것이다. 먼저 화해를 청하는 것은 자존심을 굽히는 일이 아니라 자존심을 높이는 일이다.

78

긍정적으로 말하면 안 될 일도 성사된다

출근길에 "재수 없어."라고 말하면 정말 재수 없는 일이 연거푸 생긴다. 반대로 "좋은 일이 생길 것 같아."라고 말하면 꼭 좋은 일이 일어난다.

미국을 대표하는 세계적인 경제학자이자 《상식 밖의 경제학》의 저자인 댄 애리얼리 박사는 사람들이 '뭔가 좋을 것이다'라는 기대감만 가져도 좋게 바라보게 된다는 사실을 제자들을 대상으로 한 실험에서 밝혔다.

실험에 참가한 학생들은 똑같은 커피를 종이컵과 아름다운 도자기 잔에 나누어 담아 보여주자 서로 품질이 다르다고 평가했고, 좋은 잔의 커피가 훨씬 맛있다고 대답했다. 이 결과는 생화학적으로도 입증되었다. 최근에는 뇌 스캔 사진 촬영 기술이 발전해 긍정적인 말이 생체를 바꾼다는 과학적 데이터도 많이 나와 있다.

당신이 누군가에게 긍정적으로 말하면 그는 긍정적인 기대를 하게 돼 당신이 원하는 방향으로 마음을 움직일 것이다. 그러므로 "나는 왜 되는 일이 없지?"라는 말을 "나는 왜 이렇게 운이 좋지?"라고 바꾸자. "너는 왜 항상 그 모양이니!"라는 말 대신 "너는 그 정도는 충분히 잘하잖아."라는 말로 바꾸자. 놀라운 효과를 경험할 수 있을 것이다.

유쾌한 대화의 완성은 긍정적인 말로 긍정적인 기대를 안겨주는 것이다.

유쾌한 대화법 78

②

자기 대화 유형 체크 리스트

사람마다 얼굴 생김새가 다르듯 당신의 말은 당신 생각대로 전달되지 않을 수 있습니다. 위로하려던 말이 상처를 줄 수 있고, 진심어린 충고가 비난으로 들릴 수 있습니다. 그것이 바로 당신의 인간관계를 어렵게 하는 일들입니다. 당신이 지금보다 나은 인간관계를 원한다면 당신의 생각이 그대로 전해지도록 해야 합니다.

그럼 다음 50문항의 체크리스트로 당신의 말과 생각이 타인에게 어떻게 전달되는지를 알아봅시다. 그런 다음 맞춤형의 개선점을 찾으면 대화의 달인이 될 수 있을 것입니다.

1. 대화의 심리

당신은 그럴 의도가 없지만 당신의 말투나 말하는 태도가 공격적이어서 상대방이 상처를 받는 경우는 없는지 체크해 보는 항목입니다.

1. 나는 화가 나면 나도 모르게 목소리가 커진다.

   아주 많다(5)   많다(4)   보통이다(3)   가끔 있다(2)   거의 없다(1)

2. 나는 화가 나면 해서는 안 될 말까지 해서 상대방이 울리거나 자리를 뜨게 만든다.

   아주 많다(5)   많다(4)   보통이다(3)   가끔 있다(2)   거의 없다(1)

3. 나는 비위에 맞지 않는 것을 참지 못해 입바른 소리를 하고 후회하곤 한다.

   아주 많다(5)   많다(4)   보통이다(3)   가끔 있다(2)   거의 없다(1)

4. 나는 다른 사람들 일에 나섰다가 좋은 소리는 못 듣고 욕먹을 때가 많다.

   아주 많다(5)   많다(4)   보통이다(3)   가끔 있다(2)   거의 없다(1)

5. 나는 모르는 사람들의 대화라도 그들이 잘못 알고 있는 내용은 바로잡아주어야 속이 시원하다.

아주 많다(5)　　　많다(4)　　　보통이다(3)　　　가끔 있다(2)　　　거의 없다(1)

6. 나는 회사에 문제가 생기면 항상 동료들을 대신해 나서다가 상사에게 깨지는 경우가 있다.

아주 많다(5)　　　많다(4)　　　보통이다(3)　　　가끔 있다(2)　　　거의 없다(1)

7. 나는 틀린 말을 하는 사람에게 면박을 잘 준다.

아주 많다(5)　　　많다(4)　　　보통이다(3)　　　가끔 있다(2)　　　거의 없다(1)

8. 나는 TV나 영화에서 악역이 등장하면 소리내어 그 사람을 욕한다.

아주 많다(5)　　　많다(4)　　　보통이다(3)　　　가끔 있다(2)　　　거의 없다(1)

9. 나는 뉴스를 보면서 주변 사람들에게 성질을 내다 "내가 그랬어? 왜 나한테 그래?"라는 소리를 들은 적이 있다.

아주 많다(5)　　　많다(4)　　　보통이다(3)　　　가끔 있다(2)　　　거의 없다(1)

10. 나는 백화점이나 은행, 관공서 등의 직원이 못마땅한 행동을 하면 사람이 많아도 따져서 내 권리를 찾는다.

아주 많다(5)　　　많다(4)　　　보통이다(3)　　　가끔 있다(2)　　　거의 없다(1)

다음 각 항목을 보고 그런 일이 아주 많다(5) 많다(4) 보통이다(3) 가끔 있다(2) 거의 없다(1)에 표시한 후 합계를 내고 2를 곱하면 자신의 점수가 됩니다.

70점 이상

당신은 공격적인 대화를 하는 분입니다. 성격이 반듯하며 정의로운 편이지만 다혈질이어서 마음 터놓을 친구가 적습니다. 대체로 할 말을 하고 살아 스트레스는 덜 받는 대신, 말로 공을 깎아먹어 남을 도와주고도 욕먹는 사람입니다. 당신은 스스로 정의롭고 바르게 산다고 생각하지만 남들은 극성맞다고 생각해 인간관계에서 많은 어려움을 겪을 것입니다. 화가 나거나 분노가 일면 그대로 표현하지 말고, 일단 "내가 이 말을 들으면 기분이 어떨까?"라고 자문해 본 후 말하는 훈련을 해야 합니다. 이 책의 8번, 9번, 15번, 25번을 참고하면 도움이 될 것입니다.

50점 ~ 70점

당신은 자신이 말을 거칠게 한다는 사실을 어느 정도 인지하고 있는 분입니다. 그래서 '다음부터는 안 그래야지.'라고 후회하지만 같은 상황에 처하면 여전히 같은 방법으로 말하는 경우가 많습니다. 상대방은 그것을 성격으로 이해하면서도 상처를 받아 당신과의 대화를 피하려고 할 것입니다. 후회되는 말을 한 다음에는 그 대목을 글로 적어놓는 습관을 기르면 같은 상황에서 조심할 수 있습니다. 이 책의 10번, 14번, 18번을 참고하기 바랍니다.

30점 ~ 50점

당신이 불쑥 한 말로 상대방이 상처받을까봐 고민하는 유형입니다. 우유부단하게 보일 수도 있습니다. 당신은 이런 일이 생길 때마다 자책을 많이 합니다. 그래서 점차 말하기에 자신감을 잃어갑니다. 이 책의 4번, 19번, 25번, 26번을 참고하기 바랍니다.

30점 이하

당신은 할 말을 못해 우물쭈물해서 주변 사람들이 답답해 합니다. 정작 공격해야 할 때 망설이다가 무시당하기도 합니다. 이 책의 1번, 3번, 7번, 12번을 참고하기 바랍니다.
그리고 70점 이상과 30점 미만은 전문적인 대화 방법을 교육받아야 인간관계가 개선될 수 있습니다.

2. 듣는 태도 점검

듣는 태도는 중요한 대화 요소입니다. 듣기만 잘해도 대화를 통해 인간관계를 크게 개선시킬 수 있습니다.

1. 나는 말하는 사람의 얼굴을 쳐다보기가 민망해 다른 곳을 보는 편이다.

   아주 많다(5)   많다(4)   보통이다(3)   가끔 있다(2)   거의 없다(1)

2. 나는 대화 중에도 반가운 사람을 만나면 인사를 한다.

   아주 많다(5)   많다(4)   보통이다(3)   가끔 있다(2)   거의 없다(1)

3. 나는 대화 중에 휴대전화를 받고 문자 메시지도 보내지만 들을 건 다 듣는다.

   아주 많다(5)   많다(4)   보통이다(3)   가끔 있다(2)   거의 없다(1)

4. 나는 대화 중에 자주 맞장구 치는 사람은 호들갑스럽다고 생각한다.

   아주 많다(5)   많다(4)   보통이다(3)   가끔 있다(2)   거의 없다(1)

5. 나는 성격이 급해서 들으나 마나한 말은 끝까지 못 듣는 편이다. 그래서 대개 중간에 말을 자르거나 핵심만 말하라고 요구한다.

아주 많다(5)　　많다(4)　　보통이다(3)　　가끔 있다(2)　　거의 없다(1)

6. 알아듣지 못했지만 그냥 내가 아는 대로 짐작해서 해석해도 무리가 없다고 생각한다.

아주 많다(5)　　많다(4)　　보통이다(3)　　가끔 있다(2)　　거의 없다(1)

7. 나는 말귀를 잘 알아듣는 편이어서 바쁠 때는 대충 듣고 다른 생각을 하기도 한다.

아주 많다(5)　　많다(4)　　보통이다(3)　　가끔 있다(2)　　거의 없다(1)

8. 나는 이야기 주제를 바꾸어 분위기를 나에게 쏠리게 하는 재주가 있다.

아주 많다(5)　　많다(4)　　보통이다(3)　　가끔 있다(2)　　거의 없다(1)

9. 나는 재미있는 이야깃거리가 많다. 그래서 말하는 사람이 지루하면 자르고 내가 분위기를 띄운다.

아주 많다(5)　　많다(4)　　보통이다(3)　　가끔 있다(2)　　거의 없다(1)

10. 나는 남의 말을 듣는 것보다 내가 말하는 것을 더 좋아한다.

아주 많다(5)　　많다(4)　　보통이다(3)　　가끔 있다(2)　　거의 없다(1)

다음 각 항목을 보고 그런 일이 아주 많다(5) 많다(4) 보통이다(3) 가끔 있다(2) 거의 없다(1)에
표시한 후 합계를 내고 2를 곱하면 자신의 점수가 됩니다.

•• 70점 이상

당신은 마음은 그렇지 않은데 타인에게 무시한다는 느낌을 주어 인간관계에서 많은 손해를 볼 수 있습니다. 또 대화 상대의 말을 모두 듣고 있지만 상대방은 대화에 집중하지 않는 당신과의 대화를 몹시 싫어합니다. 지금부터라도 듣기 방법을 개선하면 좋은 대화 상대가 될 수 있습니다. 이 책의 30번, 60번, 68번을 참고하십시오.

•• 50점 ~ 70점

당신은 상대방의 말을 열심히 들어야 한다는 것은 알지만 몸이 따라주지 않아 오해를 사는 유형입니다. 이 책의 18번, 25번 45번을 참고하십시오.

•• 30점 ~ 50점

당신은 듣기의 중요성을 아는 편입니다. 그러나 가끔 대화 중 딴 짓을 해 상대방을 무시한다는 오해를 사기도 합니다. 이 책의 24번을 참고하십시오.

•• 30점 이하

당신은 듣기를 잘하는 편입니다. 그러나 들으면서 자기 상상을 보태면 내용이 달라진다는 것을 유념해야 합니다. 이 책의 25번, 30번, 45번, 60번을 참고하십시오.

3. 올바른 이메일, 메신저 사용

당신이 이메일과 메신저를 올바르게 사용하는지 체크해 보고, 바로잡으려면 어떻게 해야 하는지 알아보겠습니다.

1. 나는 친구나 동료, 가족에게 보내는 이메일에는 굳이 내 이름과 연락처를 밝히지 않는다.

   아주 많다(5)　　많다(4)　　보통이다(3)　　가끔 있다(2)　　거의 없다(1)

2. 나는 잠금장치를 사용하면 안전하므로 회사 컴퓨터로 사적인 이메일을 주고받는다.

   아주 많다(5)　　많다(4)　　보통이다(3)　　가끔 있다(2)　　거의 없다(1)

3. 나는 상사에게 야단을 맞거나 부당한 지시를 받으면 이메일이나 메신저를 이용해 수다를 떨며 바로 스트레스를 푸는 편이다.

   아주 많다(5)　　많다(4)　　보통이다(3)　　가끔 있다(2)　　거의 없다(1)

4. 나는 가끔 보내서면 안 되는 이메일을 보내고 후회한다.

   아주 많다(5)　　많다(4)　　보통이다(3)　　가끔 있다(2)　　거의 없다(1)

5. 나는 이메일로 연락받은 내용에 대해 일일이 답장을 하지는 않는다.

아주 많다(5)　　많다(4)　　보통이다(3)　　가끔 있다(2)　　거의 없다(1)

6. 나는 이메일을 보낸 후 오·탈자를 발견해 민망할 때가 있다.

아주 많다(5)　　많다(4)　　보통이다(3)　　가끔 있다(2)　　거의 없다(1)

7. 나는 이메일은 길고 자세히 써야만 친절하다고 생각한다.

아주 많다(5)　　많다(4)　　보통이다(3)　　가끔 있다(2)　　거의 없다(1)

8. 나는 이메일이나 메신저에 (받는 사람이 웃어른일지라도) 유행어나 인터넷 용어를 자주 쓰는 편이다.

아주 많다(5)　　많다(4)　　보통이다(3)　　가끔 있다(2)　　거의 없다(1)

9. 나는 만나서 하기 어려운 껄끄러운 말(이별 통보, 해고 통보, 돈을 빌려달라는 말이나 혹은 거절하는 말 등)은 이메일이나 메신저로 하는 것이 낫다고 생각한다.

아주 많다(5)　　많다(4)　　보통이다(3)　　가끔 있다(2)　　거의 없다(1)

10. 나는 웃어른께 휴대전화 문자 메시지를 보낼 때 이모티콘이나 특수 문자를 사용한다.

아주 많다(5)　　많다(4)　　보통이다(3)　　가끔 있다(2)　　거의 없다(1)

다음 각 항목을 보고 그런 일이 아주 많다(5) 많다(4) 보통이다(3) 가끔 있다(2) 거의 없다(1)에 표시한 후 합계를 내고 2를 곱하면 자신의 점수가 됩니다.

●● 70점 이상

당신은 이메일이라는 편리한 도구를 불편하고 불리하게 사용해 상대방에게 상처를 주고도 그 사실조차 모르고 있습니다. 하지만 사용법을 개선하면 얼마든지 인간관계를 회복하고 유쾌한 대화를 나눌 수 있으니 너무 걱정하지 마십시오. 이 책의 50번, 51번, 52번을 참고하면 큰 도움이 될 것입니다.

●● 50점 ~ 70점

당신은 이메일은 받는 사람이 읽기 좋게 사용해야 한다는 사실을 알고 있지만 실천을 못할 때가 많은 분입니다. 그 때문에 친한 사람이 갑자기 불편하게 대하거나 성사될 것 같던 비즈니스가 깨진다면 이유를 몰라 더욱 당황했을 것입니다. 그러나 지금부터라도 이메일 사용법을 신경쓴다면 인간관계에 큰 진전을 보일 것입니다. 이 책의 54번, 55번, 57번을 참고하면 좋습니다.

●● 30점 ~ 50점

당신은 이메일 사용법에 대해 어느 정도는 아는 분입니다. 그러나 가장 기본적인 몇 가지를 아직도 고치지 못해 가끔 이메일을 보낸 후 후회할 수 있습니다. 이 책의 55번, 58번, 59번을 참고하면 좋습니다.

●● 30점 이하

당신은 비교적 이메일 사용을 신중하게 잘하는 분입니다. 그러나 이 책의 48번, 49번, 56번을 참고해 사소한 주의까지 기울인다면 이메일만으로도 인간관계를 충분히 유지할 수 있는 대화의 달인이 될 것입니다.

4. 전화 통화 태도

전화 통화도 빈도 수나 비중 면에서 대화의 중요한 부분을 차지하고 있습니다. 하지만 전화 통화는 얼굴을 대하는 대화보다 훨씬 더 어렵고 까다롭습니다. 이 항목에서는 당신의 통화 태도에 대해 알아보고 개선책까지 찾아보겠습니다.

1. 나는 성질이 급해서 전화 통화가 끝나면 상대방이 끊었는지를 확인하지 않고 먼저 끊는 편이다.

아주 많다(5) 많다(4) 보통이다(3) 가끔 있다(2) 거의 없다(1)

2. 나는 회사에서도 습관적으로 "여보세요"라고 전화를 받는다.

아주 많다(5) 많다(4) 보통이다(3) 가끔 있다(2) 거의 없다(1)

3. 나는 회사든 집이든 전화를 받을 때 메모하지 않는다. 그래도 메시지는 제대로 전달하는 편이다.

아주 많다(5) 많다(4) 보통이다(3) 가끔 있다(2) 거의 없다(1)

4. 나는 잘못 걸려온 전화를 받으면 신경질이 나서 버럭 소리를 지르고 끊는다.

아주 많다(5) 많다(4) 보통이다(3) 가끔 있다(2) 거의 없다(1)

5. 나는 전화 통화 중 다투다가 흥분하여 바로 걸려온 전화를 같은 사람으로 오해하고 화를 내다 낭패를 당한 적도 있다.

아주 많다(5)　　많다(4)　　보통이다(3)　　가끔 있다(2)　　거의 없다(1)

6. 나는 전화할 때는 (윗사람 전화도) 삐딱하게 앉거나 비스듬히 누워서 받는 편이다.

아주 많다(5)　　많다(4)　　보통이다(3)　　가끔 있다(2)　　거의 없다(1)

7. 나는 전화 목소리는 가급적 멋지게 들려야 한다고 생각해 가성으로 말한다.

아주 많다(5)　　많다(4)　　보통이다(3)　　가끔 있다(2)　　거의 없다(1)

8. 나는 전화하겠다고 약속했던 사람이 전화를 안 하면 조금 더 기다렸다가 내가 전화해서 자초지종도 듣지 않고 화부터 낸다.

아주 많다(5)　　많다(4)　　보통이다(3)　　가끔 있다(2)　　거의 없다(1)

9. 나는 전화 통화 중에는 몰두하는 편이어서 다른 사람들을 신경 쓰지 않는다.

아주 많다(5)　　많다(4)　　보통이다(3)　　가끔 있다(2)　　거의 없다(1)

10. 나는 목소리만 듣고도 상대방이 누군지 알 수 있어서 전화를 걸면 습관적으로 "난데"라는 말부터 했다가 낭패를 당하기도 한다.

아주 많다(5)　　많다(4)　　보통이다(3)　　가끔 있다(2)　　거의 없다(1)

다음 각 항목을 보고 그런 일이 아주 많다(5) 많다(4) 보통이다(3) 가끔 있다(2) 거의 없다(1)에 표시한 후 합계를 내고 2를 곱하면 자신의 점수가 됩니다.

•• 70점 이상

당신은 유리상자 속에 갇혀 있는 사람입니다. 당신은 얼굴이 보이지 않는다고 생각해 아무렇게나 행동하지만 상대방은 밖에서 당신을 볼 수 있습니다. 목소리 톤 하나에도 당신의 모습이 보입니다. 얼굴을 마주하고 대화할 때와 전화로 대화할 때의 태도가 달라 상대방을 어리둥절하게 만들 수 있습니다. 그런 이중성은 인간관계에 큰 장벽이 되기도 하지요. 이 책의 60번, 62번, 63번을 참고하면 도움이 될 것입니다.

•• 50점 ~ 70점

당신은 통화의 중요성을 아는 분입니다. 그러나 잘못된 통화 습관이 몸에 배어 있습니다. 하지만 조금만 노력하면 큰 진전을 볼 수 있습니다. 이 책의 58번, 61번, 64번을 참고하기 바랍니다.

•• 30점 ~ 50점

당신은 가끔 상대방보다 먼저 전화를 끊거나 남의 전화를 받고 메모를 남기지 않았다가 낭패를 당하고 후회한 일이 있을 것입니다. 이 점만 주의한다면 전화 통화로도 유쾌한 대화를 할 수 있습니다. 이 책의 62번, 63번을 읽어두면 도움이 됩니다.

•• 30점 이하

당신은 통화 예절이 뛰어난 분입니다. 이 책의 63번을 참고하면 통화의 달인이 될 수 있을 것입니다.

5. 긍정과 부정의 대화법

긍정적 대화가 생활화된 사람들은 굳이 노력하지 않아도 유쾌한 대화가 쉽습니다. 먼저 당신의 대화 유형을 체크해 보고 그 대책을 세워봅시다.

1. 나는 좋은 일이 생기면 기쁘기보다 겁부터 나서 "내가 이 일을 해도 되는가?"라는 반문부터 한다.

   아주 많다(5)   많다(4)   보통이다(3)   가끔 있다(2)   거의 없다(1)

2. 나는 무슨 일을 시작하기 전에 안 되는 경우부터 생각한다.

   아주 많다(5)   많다(4)   보통이다(3)   가끔 있다(2)   거의 없다(1)

3. 나는 유난히 사는 게 고달프게 느껴진다.

   아주 많다(5)   많다(4)   보통이다(3)   가끔 있다(2)   거의 없다(1)

4. 나는 다른 사람들에게 충고나 지적을 잘하는데, 사람들은 듣기 싫어해 손해를 많이 보는 편이다.

   아주 많다(5)   많다(4)   보통이다(3)   가끔 있다(2)   거의 없다(1)

5. 나는 칭찬이나 격려의 말이 잘 안 나와 거꾸로 말할 때가 많다.

아주 많다(5)   많다(4)   보통이다(3)   가끔 있다(2)   거의 없다(1)

6. 나는 나 자신보다 남이 나를 어떻게 보느냐에 더 관심이 많다.

아주 많다(5)   많다(4)   보통이다(3)   가끔 있다(2)   거의 없다(1)

7. 나는 식당이나 카페에서 그릇에 난 흠이나 잘못된 진열 등을 잘 발견하는 편이다.

아주 많다(5)   많다(4)   보통이다(3)   가끔 있다(2)   거의 없다(1)

8. 나는 뭐든지 자신만만해 하며 큰소리치는 사람을 부러워한다.

아주 많다(5)   많다(4)   보통이다(3)   가끔 있다(2)   거의 없다(1)

9. 나는 사소한 말에도 상처를 잘 받는 편이다.

아주 많다(5)   많다(4)   보통이다(3)   가끔 있다(2)   거의 없다(1)

10. 나는 시사 문제에서도 낙관론보다 비관론을 더 잘 믿는 편이다.

아주 많다(5)   많다(4)   보통이다(3)   가끔 있다(2)   거의 없다(1)

다음 각 항목을 보고 그런 일이 아주 많다(5) 많다(4) 보통이다(3) 가끔 있다(2) 거의 없다(1)에 표시한 후 합계를 내고 2를 곱하면 자신의 점수가 됩니다.

•• 70점 이상

당신은 사소한 일도 그냥 넘기지 못하고 땅 속으로 깊이 들어가는 두더지처럼 세상을 어둡게 보는군요. 그런 태도 때문에 늘 자신을 괴롭히고 있습니다. 일도 잘 풀리고 인간관계도 회복하려면 가장 먼저 비관적인 시각을 바꿔야 합니다. 이 책의 71번, 74번, 78번을 참고하기 바랍니다.

•• 50점 ~ 70점

당신은 긍정적인 대화를 하려고 노력하고 있습니다. 그러나 부정적 사고가 굳어져 가끔 부정적으로 치달은 후 자책하는 일이 많습니다. 이 책의 70번, 73번, 75번을 참고하기 바랍니다.

•• 30점 ~ 50점

당신은 비교적 낙관적인 편입니다. 그러나 가끔 자신도 모르게 비관적으로 판단해 마음과 달리 타인을 괴롭히는 말을 하기도 합니다. 이 책의 68번, 76번, 77번을 참고하십시오.

•• 30점 이하

당신은 세상을 낙관적으로 보고 있어 긍정적 대화가 쉽지만 타인을 너무 많이 배려하다가 우유부단해지기 쉽습니다. 이 책의 76번, 77번, 78번을 참고하여 균형을 잡으면 대화의 달인이 될 수 있습니다.

• • •

이 체크리스트에서는 각 항목에서 각기 다른 유형으로 판정될 수도 있습니다. 대화는 하나의 유형으로 고정되어 있지 않기 때문입니다. 그러나 여기서 파악된 것 중 가장 두드러진 항목에 신경을 써서 대화 방법을 가다듬는다면 당신은 누구보다 유쾌한 대화를 할 수 있을 것입니다.

돌아서서 후회하지 않는
유쾌한 대화법
78
②

초판 1쇄 인쇄 2008년 11월 17일
초판 1쇄 발행 2008년 11월 25일

지은이 | 이정숙
펴낸이 | 한 순 이희섭
펴낸곳 | 나무생각
편집 | 정지현 이은주
디자인 | 노은주 임덕란
마케팅 | 나성원 김종문
관리 | 김훈례
출판등록 | 1998년 4월 14일 제13-529호

주소 | 서울특별시 마포구 서교동 475-39 1F
전화 | 334-3339, 3308, 3361
팩스 | 334-3318
이메일 | tree3339@hanmail.net
홈페이지 | www.namubook.co.kr

© 이정숙, 2008

ISBN 978-89-5937-162-4 03320